IL FAUT QU'ON PARLE

Éditions du Rocher
28, rue Comte Félix Gastaldi - BP 521 - 98015 Monaco

www.editionsdurocher.fr

ISBN : 978-2-268-10286-3

CAROLINE KRUSE

DESSIN BENOIT BASTARD

IL FAUT QU'ON PARLE

60 SUJETS À ABORDER EN COUPLE AVANT QU'IL NE SOIT TROP TARD

éditions du
ROCHER

INTRODUCTION

Les histoires d'amour ressemblent, dit-on, à des contes de fées. Au terme d'épreuves épouvantables, après avoir affronté sorcières, ogres et dragons, des princes et des princesses au cœur pur, débarrassés de leurs ennemis et des haillons qui cachaient leur beauté, échangent enfin leur premier baiser.
Après quoi sans plus tarder, ils s'empressent de se marier et de mettre au monde quantité de ravissants bébés.
Mais si les contes se terminent sur ce tableau charmant, dans la vraie vie des couples, c'est là que tout commence. Avec d'autres épreuves, d'autres obstacles, d'autres dangers. Cette histoire dont on a tant rêvé, il va falloir l'inscrire dans la réalité, la vivre au quotidien, la préserver, la recréer sans cesse. Sans lui demander l'impossible – il n'y a pas de couple parfait – mais en lui accordant quand même du temps, de l'imagination et de la bienveillance.
Défi passionnant mais difficile à relever : le couple fait aujourd'hui figure de refuge face à un monde qui change trop et trop vite. On s'y abrite, on s'y veut en sécurité mais on lui demande également de nous offrir, au sein même de cette sécurité, un parfum d'aventure. Autant d'attentes fortes et contradictoires qui savent souvent s'harmoniser mais peuvent devenir aussi sources de conflits.
S'y ajoute enfin le fait que, toutes les configurations conjugales et familiales étant heureusement devenues légitimes, cette diversité, si elle augmente la richesse des possibles, multiplie en même temps les questions sur la viabilité de la vie à deux, sur ses forces et sur ses fragilités.

Il n'y a pas si longtemps, lorsqu'un couple traversait une crise, il essayait tant bien que mal de la résoudre avec ses propres moyens et, s'il n'y parvenait pas, il arrivait souvent qu'il décide de rester ensemble, sans trop y croire mais sans savoir comment faire autrement. Rien n'étant réglé, la relation s'étiolait et on se contentait au mieux de faire semblant. Parfois au contraire, à bout de forces, le couple se séparait dans un passage à l'acte épuisé et sans avoir pu comprendre non plus les raisons profondes de ce qui s'était passé. Dans les deux cas l'échec était patent. La vie commune, dévitalisée, se transformait en champ de bataille plus ou moins larvé ou en désert affectif. Quant à la rupture, souvent brutale, elle parachevait la désillusion. On avait tout raté, même sa séparation.
Aujourd'hui, il n'en va plus de même et avant que la crise ne dégénère ou

ne s'enkyste, aller consulter à deux un professionnel du couple n'est plus perçu comme un tabou, le signe d'une incapacité à prendre en charge soi-même ses difficultés, un dernier recours un peu honteux dont il faudrait se cacher. Au contraire : les conseillers conjugaux sont devenus des héros de séries télévisées et on ne compte plus les personnalités politiques ou médiatiques qui se réjouissent publiquement d'être venus les trouver. Quels que soient l'âge et la nature des problèmes rencontrés, la démarche s'est banalisée et se voit considérée de plus en plus comme une décision positive, une marque mutuelle de respect.

C'est cette démarche que nous vous proposons de découvrir en ouvrant la porte d'un cabinet de conseil conjugal et familial.

Vous croiserez là des femmes, des hommes, des couples qui viennent y déposer leurs craintes et leurs espoirs.

Vous entendrez le récit de leurs vies jalonnées d'aventures surprenantes, de séjours heureux mais aussi d'embûches de toute sorte : ornières, barrages inopinés, chaussées glissantes ou cabossées, chutes de pierres, alertes au feu.

Vous les verrez venir chercher de l'aide en montrant par là même l'importance qu'ils attachent à cette vie commune et la difficulté qu'ils rencontrent parfois à la mener pleinement.

Comment surmonter la routine, la jalousie, le manque de communication, les aléas du désir, les disputes épuisantes, la solitude à deux ?

Comment mieux se comprendre soi-même et mieux comprendre l'autre ?

Comment ne pas se laisser envahir par le doute et le ressentiment ?

Comment retrouver le plaisir de vivre ensemble ?

Quelles pistes imaginer pour que le dialogue se renoue ? Pour qu'un autre cheminement s'invente, une autre route, un pas de côté ?

Et surtout comment y réfléchir, avec l'aide de ce tiers qu'est la conseillère, d'une manière qui invite au jeu, à une complicité joyeuse, plutôt qu'aux reproches et aux lamentations ?

Une porte ouverte donc sur le pays du couple, avec ses parcours singuliers, ses chagrins enfouis, ses bonheurs cachés, ses rires retrouvés. Et, au détour du chemin, quatre étapes essentielles dans les villages de Compréhension, Confiance, Coopération et Créativité.

ON A DÉCIDÉ DE VENIR VOUS VOIR
ON VIENT VOUS VOIR PARCE QU'ON TRAVERSE UNE CRISE ÉPOUVANTABLE.
CE N'EST PAS LA PREMIÈRE, SAUF QUE CETTE FOIS, JE SUIS SUR LE POINT DE CRAQUER.
ALORS J'AI CHERCHÉ SUR INTERNET... CONSEIL CONJUGAL... JE ME SUIS DIT QUE ÇA POURRAIT PEUT-ÊTRE NOUS AIDER.
SANS VOULOIR VOUS VEXER, J'AURAIS PRÉFÉRÉ QU'ON SE DÉBROUILLE SANS VOUS.
MOI AUSSI, MAIS LÀ, ON EST COMPLÈTEMENT BLOQUÉS.
ET VOUS CROYEZ QUE VOS SÉANCES, ÇA VA VRAIMENT NOUS ÊTRE UTILE ?
TOUT DÉPEND DE CE QUE VOUS EN ATTENDEZ.
CE QUE JE VEUX, C'EST DU CALME : QU'ON ME FICHE LA PAIX !
OK, MAIS ALORS ON ARRÊTE DE SE PRENDRE LA TÊTE SUR TOUT ET N'IMPORTE QUOI.

ON PEUT DÉJÀ REGARDER CE QU'IL Y A DERRIÈRE CE TOUT. ET CE N'IMPORTE QUOI...
ÇA NOUS AVANCERA À QUOI ?
TU VERRAS BIEN !
ÇA VOUS PERMETTRA DE MIEUX COMPRENDRE COMMENT VOUS EN ÊTES ARRIVÉS LÀ, D'Y RÉFLÉCHIR ENSEMBLE, DE MOBILISER VOS RESSOURCES.
ET SI ÇA NE MARCHE PAS ?
ON N'A MÊME PAS COMMENCÉ !
C'EST VOTRE HISTOIRE. CE SERA À VOUS DE DÉCIDER DU SENS QUE VOUS VOUDREZ LUI DONNER.
C'EST PAS GAGNÉ !
EFFECTIVEMENT !
PEUT-ÊTRE PAS, MAIS SI VOUS ÊTES ICI TOUS LES DEUX, C'EST QUE VOUS AVEZ AU MOINS ENVIE D'ESSAYER.
ON PEUT DIRE ÇA.
ALORS EXPLIQUEZ-MOI PLUS PRÉCISÉMENT CE QUI VOUS AMÈNE.

COMPRÉHENSION

Les origines

Le nom du village de Compréhension, qui vient du latin *cum prehendere, saisir ensemble*, porte en lui l'idée d'une réciprocité bienveillante. Dans un couple, seule une mutuelle attention portée à l'autre permet de faire comprendre et de comprendre ce qui est communiqué.

UNE ÉTRANGE CACOPHONIE

On se perd en conjectures sur la création de Compréhension. Ses premiers habitants venaient-ils de deux pays, deux continents ou même de deux planètes différentes ? Toujours est-il que, bien loin de se comprendre les uns les autres, ils souffrirent pendant longtemps de graves problèmes de communication.

Ce dysfonctionnement touchait particulièrement les couples. Hommes et femmes semblaient parler la même langue, user du même vocabulaire, de la même syntaxe, mais donnaient souvent de leurs paroles une interprétation bien divergente. Ainsi quand une épouse disait à son mari « *Tu ne veux jamais sortir !* », il comprenait *« Je m'ennuie avec toi. »* Dès lors, soit il déprimait, soit il s'irritait des exigences de sa partenaire qu'il trouvait hautement injustifiées. L'inverse bien sûr était vrai. Quand un mari disait à sa femme « *Laisse-moi un peu tranquille, tout va bien* », celle-ci en concluait amèrement qu'il ne l'aimait plus.

La Cascade des Amoureux : les couples s'y rendent désormais pour se chuchoter de tendres secrets.

À mesure que le temps passait, la spectaculaire chute d'eau qui marquait l'entrée du village en devint l'endroit le plus fréquenté. Son bruit assourdissant interdisant toute possibilité de conversation, les couples s'y rendaient pour éviter d'avoir à se parler. À quoi bon dialoguer puisqu'on ne pouvait plus s'entendre ? À quoi bon discuter puisqu'on aboutissait à des bouderies sans fin ou à des explosions incontrôlées ?

UN VISITEUR SECOURABLE

Or un jour arriva sur la place du village un curieux personnage. Il ressemblait un peu à ces marchands de rêve qu'on voit, dans les westerns, proposer onguents magiques et lotions miraculeuses. Sur les flancs de sa roulotte on pouvait lire : *Expert en dialogue conjugal et en communication non violente.* Hommes et femmes du village firent bientôt la queue devant le véhicule pour tester les pouvoirs de l'étranger. La légende ne dit pas ce qui se passait exactement à l'intérieur, mais les couples en sortaient munis d'un joli précis de conversation conjugale dont les enseignements étaient les suivants.

Pour rendre plus harmonieuse la communication dans le couple, il convient :

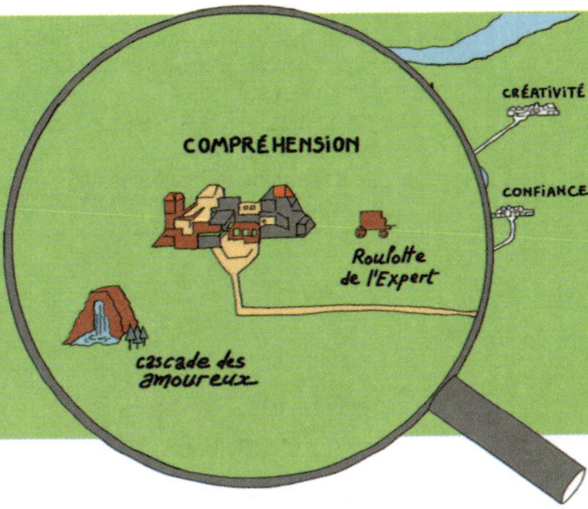

À VOIR

En juillet a lieu à Compréhension un festival de théâtre amateur. Jeux de rôles et exercices d'interprétation sont proposés à ceux qui souhaitent améliorer leur dialogue conjugal

OÙ BOIRE UN VERRE

Aux Vases Communicants. Joli bar à vin. Musique douce et canapés moelleux, pour favoriser les échanges, autour d'un ballon de rosé.

• D'identifier ses besoins et de les exprimer à l'autre de manière claire, à la première personne, sans généralisation, sans attendre qu'il les devine, sans les formuler sous forme de reproches.

> **Exemples :**
> *Ça me ferait tellement plaisir d'aller au théâtre avec toi…*
> **Et non :** *Tu as encore oublié de prendre des places !*
>
> *Je me sens un peu seule en ce moment…*
> **Et non :** *Tu n'es jamais à la maison, tu m'abandonnes.*

• De donner des conseils uniquement quand on y est invité, sans jugement de valeur, sans adopter de position dominante.

> **Exemples :**
> *N'hésite pas à faire appel à moi si tu as besoin d'un coup de main !*
> **Et non :** *C'est mal parti, moi à ta place je m'y prendrais autrement !*
>
> *Tu veux qu'on parle de ce qui se passe à ton boulot ?*
> **Et non :** *J'ai vraiment l'impression que tu te fais avoir par ton patron.*

Certains durent faire plusieurs visites à la roulotte pour prendre l'habitude de se parler sans s'agresser, mais, au bout de quelque temps, Compréhension devint le village le plus renommé de la région pour la qualité de sa communication.

La Roulotte de l'Expert : après le mariage de son propriétaire avec une villageoise, elle fut transformée en bibliothèque ouverte à tous. On y trouve des ouvrages sur les relations conjugales et la communication non-violente.

ON N'EST D'ACCORD SUR RIEN

JE ME DEMANDE PARFOIS SI TU NE LE FAIS PAS EXPRÈS.
TIENS, C'EST BIZARRE, JE ME SUIS POSÉ LA MÊME QUESTION.
Y A-T-IL UN POINT, UN SEUL SUR LEQUEL VOUS POURRIEZ TOMBER D'ACCORD ?
NON, AUCUN !
ÊTRE D'ACCORD POUR N'ÊTRE D'ACCORD SUR RIEN,
SI ON Y RÉFLÉCHIT BIEN, C'EST DÉJÀ QUELQUE CHOSE.

ON NE SE DIT PLUS GRAND-CHOSE
ON VIENT VOUS VOIR PARCE QU'ON A L'IMPRESSION DE S'ÉLOIGNER L'UN DE L'AUTRE.
C'EST PLUS QU'UNE IMPRESSION.
CHACUN SE REPLIE SUR SES ACTIVITITÉS.
LUI SURTOUT, IL NE PARTAGE PLUS GRAND-CHOSE AVEC MOI.
C'EST COMME SI J'ÉTAIS BLOQUÉ. JE N'ARRIVE PLUS À LUI PARLER.
DE RIEN ?
SI, BIEN SÛR, DES ENFANTS, DE LA FAMILLE, DES VACANCES...
MAIS C'EST DE TOI, LUC, QUE TU NE PARLES PAS. J'ESSAIE POURTANT. JE PRENDS DES INITIATIVES. JE POSE DES QUESTIONS.

LE PROBLÈME C'EST QUE PENDANT DES ANNÉES, TU AS DOUTÉ DE CE QUE JE FAISAIS.
IL FAUT DIRE QUE TU CHANGEAIS DE TRAVAIL SANS ARRÊT!
C'ÉTAIT DÉJÀ ASSEZ DIFFICILE! EN ME JUGEANT, TU EN RAJOUTAIS.
DU COUP, QUAND IL A MONTÉ SA BOÎTE, IL Y A UN AN, IL NE M'A MÊME PAS DEMANDÉ MON AVIS.
C'EST QUE POUR UNE FOIS DANS MA VIE, J'ÉTAIS SÛR DE MOI. J'AVAIS PEUR QUE TU ME DÉSTABILISES, QUE TU N'Y CROIES PAS.
MAIS SI TU NE ME PARLES DE RIEN, COMMENT VEUX-TU QUE JE CROIE EN TOI ?
L'IDÉE SERAIT PEUT-ÊTRE ALORS QUE CHACUN DE VOUS ESSAIE DE REPRENDRE CONFIANCE
DANS LA CAPACITÉ DE L'AUTRE À LUI FAIRE CONFIANCE.

MON COMPAGNON N'EXPRIME PAS SES SENTIMENTS

TU N'AS PAS CONFIANCE EN MOI?
SI, C'EST PLUTÔT EN MOI QUE JE N'AI PAS CONFIANCE.
MOI AUSSI JE SERAIS PERDUE SANS TOI, MAIS J'AI BESOIN DE PREUVES.
JE SAIS ET J'ESSAIE : LES GESTES, LES FLEURS, LES CADEAUX, ÇA COMPTE AUSSI.
BIEN SÛR.
MAIS PAS AUTANT QUE LES MOTS?
C'EST VRAI... PEUT-ÊTRE FINALEMENT QUE JE SUIS AUSSI SUPERSTITIEUSE QUE TOI.
JE POURRAIS TE DIRE QUE JE T'AIME QUAND TU PARLES COMME ÇA.
ALORS N'HÉSITEZ PAS.

JE NE VOIS PLUS MA PETITE-FILLE

ET MOI, J'AI ÉLEVÉ CINQ ENFANTS. JE M'Y CONNAIS AUSSI. SANS DOUTE MIEUX QU'ELLE.
LE VRAI PROBLÈME, C'EST QUE TU N'AIMES PAS MA FEMME.
CE QUE JE N'AIME PAS, C'EST QU'ELLE MONTE JULIETTE CONTRE MOI.
ÇA T'EST ARRIVÉ AUSSI DE LA CRITIQUER DEVANT LA PETITE.
UNE FOIS, PARCE QU'ELLE ME REPROCHAIT DE TROP LA GÂTER. J'AVAIS TORT ?
JE NE SAIS PAS, MOI. JE NE VEUX PAS CHOISIR ENTRE VOUS DEUX.
MIEUX VAUT EFFECTIVEMENT NE PAS AVOIR À CHOISIR ENTRE SA MÈRE ET SA FEMME.
MAIS PAS NON PLUS ENTRE SA MÈRE ET SA GRAND-MÈRE.
ET SI VOUS REVENIEZ ICI, HÉLÈNE, EN PARLER AVEC VOTRE BELLE-FILLE ?

ON SE DISPUTE TOUT LE TEMPS

ÇA ME RAPPELLE MA FAMILLE TOUT LE MONDE CRIAIT, MON PÈRE SURTOUT. ÇA ME TERRORISAIT.
ET DANS LA MIENNE, C'ÉTAIT TOUT LE CONTRAIRE. À PEINE SI ON S'ADRESSAIT LA PAROLE. ÇA ME RENDAIT FOU.
ET VOILÀ ! MAINTENANT, TU TE COMPORTES EXACTEMENT COMME MON PÈRE !
ET TOI, COMME MES PARENTS !
ET CHACUN SE TROUVE REPRIS DANS CE QU'IL AVAIT CHERCHÉ À FUIR...
QU'ATTENDRIEZ VOUS L'UN DE L'AUTRE DANS CES MOMENTS-LÀ ?
QU'ELLE SORTE DE SON SILENCE, QU'ELLE ME RASSURE, QU'ELLE ME CALME.
QU'IL ME PRENNE SANS PARLER DANS SES BRAS.
JE VOUS PROPOSE ALORS DE RÉFLÉCHIR ICI ENSEMBLE AUX MOTS QU'IL EST SI DIFFICILE DE DIRE.
ET AUX GESTES QU'ON A TELLEMENT DE MAL À FAIRE.

ON NE SE DISPUTE JAMAIS

EH BIEN, JE N'OSE PAS T'EN PARLER. J'AI PEUR DE TA RÉACTION. ÇA M'ÉLOIGNE DE TOI.
ÇA ALORS ! EST-CE QUE JE T'AI JAMAIS EMPÊCHÉE DE T'EXPRIMER ?
NON, NON, C'EST DE MA FAUTE. JE NE VEUX PAS TE CONTRARIER. DU COUP, JE ME TAIS.
DANS CE CAS, JE NE VOIS PAS TRÈS BIEN CE QUE JE PEUX FAIRE.
ÊTRE PEUT-ÊTRE MOINS TRANCHANT DANS TES JUGEMENTS ?
MAIS QU'EST-CE QUE ÇA VEUT DIRE ? JE DIS CE QUE JE PENSE, LÉA. TU NE VAS QUAND MÊME PAS ME LE REPROCHER ?
TU VOIS, DÈS QUE J'ÉMETS UNE OPINION, TU ÉLÈVES LA VOIX.
SI TU ME CHERCHES C'EST SÛR, TU VAS ME TROUVER.
ET SI C'ÉTAIT JUSTEMENT CELA QUE LÉA SOUHAITAIT ?
VOUS TROUVER.

MON MARI REGARDE DES FILMS X

NE ME PRENDS PAS POUR UNE IDIOTE. ARRÊTE DE MINIMISER.
C'EST ARRIVÉ UNE FOIS, MARIE, UNE SEULE FOIS DEPUIS QU'ON SE CONNAÎT.
C'EST UNE FOIS DE TROP ! JE ME SUIS SENTIE TRAHIE.
CE N'EST QUAND MÊME PAS COMME SI JE T'AVAIS TROMPÉE !
POUR MOI C'EST PAREIL. ON S'ENTEND BIEN PHYSIQUEMENT. JE NE VOIS PAS POURQUOI EN PLUS IL A BESOIN DE ÇA.
C'EST PAS UNE QUESTION DE BESOIN. ON S'ÉTAIT ENGUEULÉS. J'AI EU UN RÉFLEXE D'ADO. COMME QUAND MA MÈRE ME METTAIT LA PRESSION.
JE NE SUIS PAS TA MÈRE !
SAUF QUE PARFOIS TU TE COMPORTES EXACTEMENT COMME ELLE.
TU ME REPROCHES DE VOULOIR ÊTRE TOUT POUR TOI, C'EST ÇA ?
À MOINS QUE THOMAS NE VOUS REPROCHE...
DE VOULOIR QU'IL SOIT, LUI, TOUT POUR VOUS ?

ON N'A PAS LES MÊMES IDÉES SUR L'ÉDUCATION

LES ENFANTS, ÇA A BESOIN DE LIMITES. DANS MA FAMILLE, C'EST LE PÈRE QUI LES METTAIT.
DES LIMITES, OUI, PAS DES BARBELÉS !
SI SEULEMENT TU AVAIS UN PEU D'AUTORITÉ...
SI SEULEMENT TU NE CRIAIS PAS SANS ARRÊT...
TU CROIS QUE ÇA M'AMUSE DE DEVOIR JOUER LA MÉCHANTE ?
ET MOI DE PASSER POUR LE LAXISTE DE SERVICE ?
AVEZ-VOUS DÉJÀ PENSÉ À INVERSER LES RÔLES ?
VOUS POURRIEZ ESSAYER ET, DANS UN MOIS, REVENIR ICI EN PARLER.

MA COMPAGNE N'AIME PAS MA FILLE
ON VIENT VOUS VOIR PARCE QUE MA COMPAGNE NE S'ENTEND PAS AVEC MA FILLE.
ÉVIDEMMENT! ELLE ME DÉTESTE!
TU NE L'AIMES PAS BEAUCOUP NON PLUS...
C'EST FAUX! JE FAIS TOUT CE QUE JE PEUX POUR LUI FAIRE PLAISIR.
ELLE, PAR CONTRE, TU CROIS QU'ELLE LÈVERAIT LE PETIT DOIGT POUR M'AIDER À RANGER SON BAZAR? JAMAIS!
C'EST PAS FACILE POUR ELLE.
VOILÀ! C'EST DE MA FAUTE! IL PREND TOUJOURS SON PARTI, JAMAIS LE MIEN.

TU NE VAS QUAND MÊME PAS ÊTRE JALOUSE D'UNE ENFANT ?
ET ELLE ? ELLE N'EST PAS JALOUSE DE MOI, PEUT-ÊTRE ?
JE NE SAIS PLUS QUOI FAIRE.
ALORS C'EST QUOI, LA SOLUTION ? QU'ON SE QUITTE ?
TU SAIS TRÈS BIEN QU'IL N'EN EST PAS QUESTION.
MAIS VOTRE FILLE, EST-CE QU'ELLE LE SAIT ?
JE SUPPOSE.
TU CROIS ?
MIEUX VAUDRAIT SANS DOUTE LE LUI DIRE DÉJÀ CLAIREMENT TOUS LES DEUX.

MON MARI EST EN CONFLIT AVEC NOTRE FILS

IL A L'IMPRESSION QUE TU ATTENDS TROP DE LUI.
ARRÊTE DE TE FAIRE SON AVOCATE. IL NE PEUT PAS ME PARLER DIRECTEMENT ?
IL N'OSE PAS.
AUTREMENT DIT, IL A PEUR DE MOI.
UN PEU. COMME TOI TU AVAIS PEUR DE TON PÈRE.
SI C'EST ÇA, ON N'EN SORTIRA PAS.
TU POURRAIS LUI DIRE DE TEMPS EN TEMPS QUE TU ES FIER DE LUI.
À QUOI ÇA SERT ? S'IL S'EN FICHE.
ET S'IL NE S'EN FICHAIT
QUE PARCE QUE VOUS NE LE LUI DITES PAS ?

ÇA SE PASSE MAL ENTRE MA MÈRE ET MON ÉPOUSE

MAIS QUE VEUX-TU QUE JE FASSE? C'EST MA MÈRE. ON NE PEUT PAS EMPÊCHER UNE MÈRE DE VOIR SON FILS.
ON PEUT LUI SUGGÉRER DE TÉLÉPHONER AVANT, DE NE PAS DÉBARQUER AVEC DIX TUPPERWARES REMPLIS ET DE NE PAS REPARTIR AVEC UNE PILE DE CHEMISES À REPASSER.
MAIS ÇA LUI FAIT TELLEMENT PLAISIR.
ET À MOI? TU CROIS QUE ÇA ME FAIT QUOI, À MOI?
PAS PLAISIR, JE LE SAIS BIEN.
C'EST DÉJÀ PAS MAL QUE TU LE RECONNAISSES.
VOUS POURRIEZ ALORS RÉFLÉCHIR ENSEMBLE AUX PLAISIRS QU'IL EST POSSIBLE DE PARTAGER – OU PAS.
ET AVEC QUI...

NOS ENFANTS NE S'ENTENDENT PAS ENTRE EUX
ON VIENT VOUS VOIR PARCE QU'ON EST UNE FAMILLE RECOMPOSÉE
ÇA FAIT SEULEMENT QUELQUES MOIS ET C'EST DÉJÀ LE CHAOS.
NOS ENFANTS SE DISPUTENT SANS ARRÊT POUR TOUT ET N'IMPORTE QUOI.
ET ÇA REJAILLIT SUR NOUS.
MOI JE PENSE QUE TON FILS EST JALOUX. POURTANT JE TE TROUVE BEAUCOUP PLUS TOLÉRANT ENVERS LUI QU'AVEC SOLÈNE.
TU SAIS BIEN POURQUOI : JE NE VOIS QUENTIN QU'UN WEEK-END SUR DEUX. ET ENCORE... SI SA MÈRE LE VEUT BIEN.

OUI MAIS DU COUP MA FILLE SE SENT MALTRAITÉE.
ET MON FILS EXCLU.
ON AVAIT RÊVÉ D'UNE FAMILLE OÙ TOUT LE MONDE SERAIT HEUREUX !
ET LÀ ON EST TERRIBLEMENT DÉÇUS !
VOUS EN AVEZ PARLÉ À VOS ENFANTS ?
BIEN SÛR.
PLUS D'UNE FOIS.
ET QUE LEUR AVEZ-VOUS DIT ?
QU'ILS DEVRAIENT FAIRE DES EFFORTS, ÊTRE PLUS GENTILS L'UN ENVERS L'AUTRE.
ÇA N'A RIEN DONNÉ DU TOUT.
ALORS DITES-LEUR PLUTÔT QUE VOUS LES AIMEZ, MAIS QU'ILS NE SONT PAS OBLIGÉS, EUX, DE S'AIMER,
EN TOUT CAS, PAS TOUT DE SUITE.

MON MARI NE SAIT PAS CE QU'IL VEUT
JE VIENS VOUS VOIR PARCE QUE MON MARI M'EXASPÈRE.
ON N'A JAMAIS EU LES MÊMES GOÛTS, MAIS AU DÉBUT, ON SE COMPLÉTAIT.
ON FAISAIT CE QUE CHACUN AIMAIT À TOUR DE RÔLE.
UNE FOIS LES FILMS D'HORREUR, UNE FOIS LES FILMS D'AMOUR.
ET MAINTENANT...

MAINTENANT, AU LIEU DE DIRE CE QU'IL VEUT, IL ESSAIE D'IMAGINER CE QUE JE VEUX, MOI, ET ÇA JE NE LE SUPPORTE PAS.
LE PIRE, C'EST QUE, QUAND PAR HASARD IL A LA MÊME ENVIE QUE MOI, JE NE LE CROIS PLUS.
NON...
NON. JE PENSE QU'IL DIT ÇA POUR ME FAIRE PLAISIR.
ET ÇA VOUS DÉPLAÎT BEAUCOUP.
EXACTEMENT. UN HOMME QUI M'OBÉIT TOUT LE TEMPS, COMMENT JE POURRAIS ÊTRE SÛRE QU'IL M'AIME ?
PEUT-ÊTRE EN N'EXIGEANT PAS DE LUI
QU'IL VOUS RÉSISTE SANS ARRÊT...

MA FEMME ME TROUVE TROP DISTANT

DANS LA TIENNE, C'EST TOUT LE CONTRAIRE, C'EST POUR ÇA QUE JE M'Y SENS SI BIEN.
ALORS POURQUOI EST-CE QUE TU N'Y ARRIVES PAS, TOI ?
JE NE SAIS PAS. C'EST COMME SI JE REDOUTAIS QU'ON ME REJETTE, QU'ON ME DISE QUE MON CADEAU EST MOCHE, QU'ON N'EN VEUT PAS.
COMMENT PEUX-TU PENSER CELA ?
JE ME SOUVIENS D'UN JOUR, J'ÉTAIS TOUT PETIT, J'AI RAMASSÉ UN CAILLOU DANS LE JARDIN, JE LE TROUVAIS JOLI. JE L'AI DONNÉ À MA MÈRE.
ET PUIS?
ET PUIS RIEN. ELLE A JUSTE DIT : C'EST DÉGOÛTANT, VA TE LAVER LES MAINS. ET ELLE L'A JETÉ.
MAIS TU NE M'AVAIS JAMAIS RACONTÉ ÇA !
EST-CE QU'ON PEUT DIRE ALORS QUE MARTIN VIENT DE VOUS FAIRE UN CADEAU...
ET QUE VOUS AVEZ SU LE RECEVOIR?

POUR ALLER PLUS LOIN

ON A DÉCIDÉ DE VENIR VOUS VOIR

Faire la démarche de consulter ensemble, c'est souligner et assumer devant un tiers l'importance qu'on accorde l'un et l'autre au couple. C'est une nouvelle forme d'engagement qui implique que chaque partenaire se remette en question pour comprendre et dépasser à deux la crise qu'il traversent.

ON N'EST D'ACCORD SUR RIEN

C'est sur les désaccords que se construisent les accords. Faire des compromis, ce n'est pas se soumettre. Au contraire. Pour autant qu'ils soient mutuels, les compromis, les efforts pour envisager le point de vue de l'autre, aident à construire un monde commun qui s'enrichit des apports contrastés de chacun.

ON NE SE DIT PLUS GRAND-CHOSE

Un des piliers du couple c'est la reconnaissance de la valeur de l'autre. Chacun trouve ainsi dans le regard de son partenaire de quoi renforcer sa propre estime de soi. Mais cette réassurance a besoin d'être réactivée régulièrement, de manière explicite, par chacun.

MON COMPAGNON N'EXPRIME PAS SES SENTIMENTS

L'amour ne parle pas toujours le même langage. Celui des mots, par exemple, ou celui des gestes. D'où la nécessité d'apprendre et de pratiquer au moins quelques rudiments de la langue de l'autre, pour éviter les malentendus et pour bien montrer à son partenaire qu'on le comprend et qu'on valide les codes de son univers.

JE NE VOIS PLUS MA PETITE-FILLE

Les enfants, la manière de les élever, de les habiller, de les nourrir, sont fréquemment des sujets – ou des prétextes – de tensions avec les familles d'origine. Ces querelles s'enracinent dans l'attachement aux valeurs que chacun veut transmettre. Le recours à un tiers extérieur, non impliqué affectivement, permet de décentrer le conflit et de dédramatiser les enjeux.

ON SE DISPUTE TOUT LE TEMPS

Lorsque la dispute devient le mode de communication principal du couple, la bonne volonté ne suffit pas toujours pour en sortir et il convient, pour s'en dégager, de s'interroger à deux sur les raisons profondes de ce type de fonctionnement. Que répète-t-il ? Et surtout, que sert-il à exprimer qu'on ne parvient pas à dire autrement ?

ON NE SE DISPUTE JAMAIS

Ne jamais se disputer peut être le signe d'un accord parfait. Mais cela indique aussi parfois un renoncement de l'un, de l'autre ou des deux à exprimer ce qu'on ressent. La conséquence de ce gommage de toute aspérité, c'est une dévitalisation de la relation. On finit par obtenir ainsi ce que cet évitement cherchait à contourner : un mutuel éloignement.

Mon mari regarde des films X

Un comportement qui heurte l'un des deux partenaires peut avoir plusieurs significations. Sans passer sous silence la blessure ressentie, mais avant de conclure à la volonté délibérée de faire mal, on peut essayer d'en comprendre les raisons. Quel mécanisme y a conduit ? Comment l'enrayer ?

On n'a pas les mêmes idées sur l'éducation

Dans les conflits éducatifs, il arrive souvent que chacun reproche à l'autre une attitude qu'il ne parvient pas lui-même à adopter. Faire l'expérience d'inverser les rôles peut avoir deux effets. Comprendre de l'intérieur l'attitude qu'on blâmait chez l'autre. Se prouver à soi-même et prouver à l'autre qu'on est capable d'évoluer.

Ma compagne n'aime pas ma fille

Lorsqu'un enfant entre en conflit avec la deuxième femme ou le deuxième compagnon de son parent, il importe de lui signifier qu'il n'est pas tout-puissant et qu'il ne pourra pas détruire ce nouveau couple. Il y gagnera en sécurité : il n'aura pas à subir encore des changements. Et il pourra mettre son énergie ailleurs : dans la construction de sa propre vie.

Mon mari est en conflit avec mon fils

Un enfant, un adolescent a besoin pour grandir de se sentir important aux yeux de ses parents. Son agressivité, ses provocations sont souvent le reflet de la déception qu'il éprouve lui-même à l'idée de les décevoir.

Ça se passe mal entre ma mère et mon épouse

Dans les querelles qui opposent belle-mère et belle-fille, le conflit de loyauté paralyse celui qui tient la double place de fils et de mari en l'enfermant dans un choix impossible. Or il ne s'agit pas de choisir mais de réfléchir au rôle de chacun dans cette nouvelle configuration. Sans exclusion ni intrusion.

Nos enfants ne s'entendent pas entre eux

La famille recomposée est souvent décrite avec des couleurs opposées. Une joyeuse tribu où s'harmonisent les contraires. Ou à l'inverse un nœud potentiel de rivalités multiples. Pour éviter une idéalisation souvent déçue ou une diabolisation toxique, il faut modérer ses attentes et veiller surtout à ce que chaque enfant puisse prendre le temps de se sentir en sécurité et à une place qui lui convient.

Mon mari ne sait pas ce qu'il veut

Les injonctions paradoxales du type « Sois un homme !» ou « Sois spontané ! » enferment l'autre dans un piège infernal. Qu'il se soumette à l'injonction ou qu'il y résiste, il a tort. Mieux vaudrait se demander ce qu'on attend vraiment de son partenaire ? Qu'il vous aime ou qu'il vous obéisse ?

Ma femme me trouve trop distant

Certains blocages ressemblent à une énigme. Pourquoi ne parvient-on pas à offrir à l'autre ce qu'il désire et qu'on désire lui donner ? Décider d'en parler ensemble, et – pour peu que chacun soit écouté avec bienveillance – essayer de lever le voile, permet souvent de résoudre l'énigme.

CONFIANCE

Les origines

Le nom du village vient du latin *con-fidere*, qui souligne le lien mutuel engageant ceux qui se font confiance. *J'ai confiance en celle ou celui qui me fait confiance et réciproquement.*
Il fut choisi par ses habitants eux-mêmes après la destruction de la Tour de Guet.

UNE ANCIENNE MALÉDICTION

Autrefois les habitants du village se croyaient rongés par un mal funeste.
Les eaux du lac voisin, disait la rumeur, en étaient la cause. Jadis appelé Jalousie, il avait, pensait-on, contaminé quelques-uns des puits d'où l'on tirait de l'eau. Comment comprendre autrement les violents accès de défiance qui s'emparaient régulièrement de certains villageois ? Dès lors que le poison commençait à circuler dans les veines d'un malheureux, sa vie devenait un enfer et celle de son partenaire un cauchemar. L'un s'épuisait à tenter de rassurer l'autre par mille serments d'amour, mille protestations de fidélité, lesquels se voyaient aussitôt opposer par l'autre un argumentaire implacable : « *Tu me dis que tu ne me mens pas, que tu m'es fidèle, alors prouve-le moi !* » Mais comment prouver sa loyauté à quelqu'un qui semble ne chercher que des témoignages de votre fourberie ? Comment dire la vérité à quelqu'un qui n'y entend que mensonge ?

À LA RECHERCHE DE LA PAIX

Un jour, un petit groupe d'habitants, lassés de tant de conflits, se rendit en délégation auprès d'un vieux pêcheur qui vivait depuis toujours avec sa femme sur les berges du lac. On chuchotait en effet qu'il possédait le contrepoison.
« *Le contrepoison ?* » Il les regarda en souriant. « *Mais la jalousie, c'est vous-mêmes qui la fabriquez !* » Et il leur remit, en guise d'antidote, quatre prescriptions pour le jaloux et son partenaire.

Pour le jaloux
Travailler sur la confiance en soi. Qui ne s'aime pas soi-même ne croit pas qu'on l'aime.
Pour son partenaire
Multiplier les marques d'estime à l'égard de l'autre

Pour le jaloux
Cesser de douter systématiquement de l'autre au risque de gravement le blesser.
Pour son partenaire
Affirmer sa loyauté sans entrer dans la spirale des démentis.

Les ruines de la Tour de Guet : elle fut détruite quand on comprit que le vrai prisonnier, c'est celui qui s'enferme dans sa jalousie et passe sa vie à surveiller l'autre. Ses pierres furent réutilisées pour construire l'Arche de la Confiance.

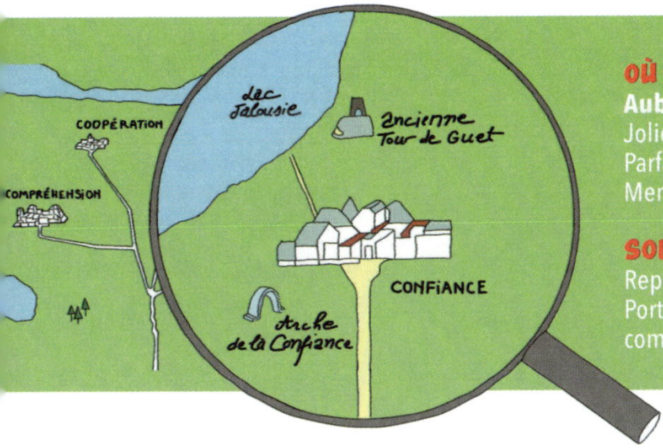

OÙ SE LOGER, OÙ SE RESTAURER
Auberge du vieux pêcheur
Jolie maison d'hôtes. Vue imprenable sur le lac. Parfait pour un week-end en amoureux. Menu 15 euros. Spécialité d'entremets crémeux.

SOUVENIRS À RAPPORTER
Reproductions des Prescriptions de la Confiance. Porte-bonheurs de l'Arche. En vente chez tous les commerçants.

Pour le jaloux
Apprendre à repérer en soi, afin de les désamorcer, les premiers signes de l'emportement jaloux
Pour son partenaire
Entendre la souffrance de l'autre, mais l'aider à ne pas s'y laisser engloutir.

Pour le jaloux
Faire le pari de la confiance dans son couple. Y engager son énergie.
Pour son partenaire
Signifier à l'autre qu'on mesure bien l'importance pour lui et pour soi-même de ce pari.

« *Quant à l'eau du lac,* ajouta-t-il, *oubliez ces sornettes, moi j'en bois tous les jours depuis 50 ans et ma femme aussi !* »

UNE NOUVELLE ÈRE

Ce ne fut pas si facile, nombreuses furent les hésitations et les rechutes, mais peu à peu le pari de la confiance mutuelle fut gagné. Ayant retrouvé l'estime d'eux-mêmes, ceux qui jadis doutaient cessèrent de considérer que leurs partenaires avaient toutes les raisons de les tromper. Ceux-ci, heureux de voir qu'enfin on les croyait, reprirent confiance dans leur couple et dans leur propre capacité à rendre l'autre heureux. Pour finir, le conseil citoyen décida de transformer le lac dit de la Jalousie en base de loisirs nautiques et de donner au village le nom de confiance, pour en faire le socle de la vie en commun.

L'Arche de la Confiance : elle porte comme devise sur son fronton : « *Pas de confiance en l'autre sans confiance en soi.* »

JE ME SENS INFÉRIEUR À MA FEMME
ON VIENT VOUS VOIR PARCE QUE JE NE ME SENS PAS À LA HAUTEUR DE MA FEMME.
JE DÉTESTE QUAND TU PARLES COMME ÇA.
MAIS C'EST VRAI. TU ES CULTIVÉE, CRÉATIVE, TU AS VOYAGÉ, TU CONNAIS TOUTES SORTES DE GENS.
ET ALORS ? TOI AUSSI.
OUI MAIS MOI, CONTRAIREMENT À TOI, JE NE SAIS PAS VOIR LA BEAUTÉ DU MONDE.
OUVRE LES YEUX.
TU ATTENDS DES AUTRES QU'ILS SOIENT AUSSI EXIGEANTS QUE TOI.
CE QUE TU APPELLES DE L'EXIGENCE, C'EST LE RESPECT QUE J'AI DE MOI. ET DE TOI.

VOUS SAVEZ, QUAND ON S'EST RENCONTRÉS J'AI EU L'IMPRESSION D'AVOIR DOMPTÉ UNE PANTHÈRE.
TU RESSASSES SANS CESSE CETTE IMAGE! J'ÉTAIS AUSSI AMOUREUSE QUE TOI!
SAUF QUE LA PANTHÈRE EST DEVENUE INDOMPTABLE ET QUE JE NE L'INTÉRESSE PLUS BEAUCOUP.
TU VOIS, ARNAUD, C'EST CETTE AIGREUR PLEURNICHARDE QUE JE NE SUPPORTE PAS.
C'EST VRAI, J'AI PEUR QUE VALÉRIE NE M'AIME PLUS, ALORS JE DEVIENS AGRESSIF.
ET PLUS IL EST AGRESSIF, PLUS ÇA M'ÉLOIGNE DE LUI.
AU FOND, JE NE SUIS PEUT-ÊTRE PAS L'HOMME DE SA VIE.
C'EST POURTANT VOUS QUE VALÉRIE A CHOISI.
ET QU'ELLE VOUDRAIT CONTINUER À CHOISIR POURVU QUE VOUS NE CHERCHIEZ PAS À LA PERSUADER DU CONTRAIRE.

MA FEMME NE PENSE QU'À L'ENFANT

JE SUIS QUOI, ALORS, DANS CETTE MAISON ?!
FRANCHEMENT, JE ME LE DEMANDE !
C'EST BIEN SIMPLE. JE N'EXISTE PLUS.
JE NE TE LE FAIS PAS DIRE.
IL SUFFIRAIT QUE TU ME LAISSES DE LA PLACE.
TU N'AS QU'À TE DÉCIDER À L'OCCUPER !
ET SI ON COMMENÇAIT PAR RÉFLÉCHIR ENSEMBLE À LA PLACE QUE VOUS DONNEZ L'UN ET L'AUTRE…
À VOTRE ENFANT ?

MON MARI A HONTE DE MOI
ON VIENT VOUS VOIR PARCE QUE MON MARI ME TROUVE INSIGNIFIANTE.
J'AVOUE QUE JE NE COMPRENDS PAS.
VOILÀ, C'EST EXACTEMENT LE TON QUI ME BLESSE. LAISSE-MOI PARLER UNE MINUTE AU MOINS.
DÉSOLÉ, JE T'ÉCOUTE.
JE N'AI PAS FAIT D'ÉTUDES, JE NE SUIS PAS CULTIVÉE, J'AI DU MAL À M'EXPRIMER.
MAIS OÙ VAS-TU CHERCHER ÇA ? TU T'EXPRIMES TRÈS BIEN.
DANS LES DÎNERS PAR EXEMPLE, TU BAVARDES AVEC TOUT LE MONDE, SAUF AVEC MOI.
MAIS ÇA SERT À ÇA LES DÎNERS : PARLER AUX AUTRES !

LE VRAI PROBLÈME, JULIEN, C'EST QUE TU ME MÉPRISES, TU AS HONTE DE MOI.
HONTE ???
OUI, TOUS TES AMIS ONT DES FEMMES TELLEMENT PLUS BRILLANTES.
MAIS ALORS EXPLIQUE-MOI POURQUOI JE RESTE AVEC TOI.
QUESTION D'HABITUDE. TU N'AIMES PAS LE CHANGEMENT, ET PUIS IL Y A LES ENFANTS...
MAIS C'EST MOI QUI DEVRAIS ME SENTIR BLESSÉ QUE TU AIES CETTE IMAGE DE MOI.
JE VOUS PROPOSE ALORS QUE NOUS PARLIONS DE CES IMAGES...
CELLE QU'ON SE FAIT DE SOI-MÊME, CELLE QU'ON IMAGINE QUE L'AUTRE SE FAIT DE VOUS.

MON AMIE ME MENT
ON VIENT VOUS VOIR PARCE QUE MON AMIE REFUSE DE SE CONFIER À MOI.
ÇA NE SERT À RIEN. IL CROIT TOUJOURS QUE JE LUI MENS.
DÈS QUE JE POSE UNE QUESTION, C'EST UN DRAME !
DÈS QUE J'Y RÉPONDS, C'EST UNE CATASTROPHE !
C'EST QUE TU N'ES PAS TOUJOURS TRÈS FRANCHE...
JE NE VAIS QUAND MÊME PAS M'INVENTER DES SECRETS POUR TE FAIRE PLAISIR.
QUI PARLE D'INVENTION ? C'EST LA VÉRITÉ QUE JE VEUX !
MAIS TU N'Y CROIS PAS, À LA VÉRITÉ. ALORS JE PRÉFÈRE ME TAIRE.

SI TU AS DES CHOSES À CACHER... AUTANT LE DIRE TOUT DE SUITE.
JE N'AI RIEN À CACHER ! JUSTE ENVIE D'ÉCHAPPER À CE HARCÈLEMENT PERMANENT.
DE TOUTE FAÇON, SI TU ME MENTAIS SUR DES SUJETS IMPORTANTS, JE M'EN APERCEVRAIS TOUT DE SUITE.
C'EST BIEN LA PREUVE QUE JE NE PEUX PAS TE MENTIR.
JE SUIS PERDU. JE VOUDRAIS LA CROIRE, MAIS JE N'Y ARRIVE PAS.
ET MOI, JE NE SAIS PLUS QUOI DIRE POUR LE CONVAINCRE.
ET SI VOUS RECONNAISSIEZ DÉJÀ QUE CHACUN DE VOUS
NE DEMANDE QU'À CROIRE ET À ÊTRE CRU ?

MON MARI M'INFANTILISE
ON VIENT VOUS VOIR PARCE QUE MON MARI ME REFUSE TOUT.
C'EST FAUX.
MAIS TU NE ME LAISSES AUCUNE INITIATIVE.
JE NE SUIS PAS D'ACCORD NON PLUS.
ATTENDS, POUR BOUGER LA MOINDRE CHOSE DANS LA MAISON, IL FAUT QUE JE T'EN DEMANDE L'AUTORISATION.
JE N'AIME PAS ÊTRE MIS DEVANT LE FAIT ACCOMPLI, C'EST TOUT.
MAIS JE DOIS NÉGOCIER PENDANT DES SEMAINES !
ARGUMENTER N'EST PAS NÉGOCIER, UNE DÉCISION, ÇA SE PREND À DEUX.

ÇA PREND SURTOUT DU TEMPS : UN MOIS POUR QU'IL ACCEPTE QUE JE METTE UN MALHEUREUX POT DE MENTHE SUR L'ÉTAGÈRE DE LA CUISINE !
JE N'EN VOYAIS PAS L'URGENCE. J'AVAIS BESOIN D'ÊTRE CONVAINCU, CE N'EST PAS UN CRIME. ET D'AILLEURS, TU AS EU CE QUE TU VOULAIS.
À QUEL PRIX ! TU NE ME PASSES RIEN.
TU M'EN DEMANDES TROP.
VOYONS ALORS QUEL ESPACE DE DIALOGUE EST POSSIBLE
ENTRE CE TROP ET CE RIEN.

ON N'ARRIVE PLUS À TRAVAILLER ENSEMBLE

JE M'ADRESSE À TOI COMME AUX AUTRES. JE NE PEUX PAS TE TRAITER À PART. C'EST SI DIFFICILE À COMPRENDRE ?
PARFOIS JE ME DEMANDE SI TU ES ENCORE MON MARI OU SEULEMENT MON PATRON.
TU MÉLANGES TOUT : AU TRAVAIL TU ES MON EMPLOYÉE. ET À LA MAISON...
À LA MAISON... TU ME PARLES SUR LE MÊME TON.
MAIS C'EST PARCE QUE TU N'ARRÊTES PAS DE TE PLAINDRE DU BOULOT.
JE PEUX ME TAIRE COMPLÈTEMENT SI TU PRÉFÈRES.
VOUS VOYEZ, QUAND JE DIS QU'ELLE N'EST PAS PROFESSIONNELLE ! ELLE A LE MÊME GENRE DE RÉFLEXION AU TRAVAIL.
LA FAUTE À QUI ?
ON PEUT SE DEMANDER ALORS SI C'EST LE TRAVAIL QUI REJAILLIT SUR VOTRE VIE PERSONNELLE...
OU SI C'EST L'INVERSE.

MA FEMME
EST JALOUSE

ON VIENT VOUS VOIR PARCE QUE J'AIME MA FEMME, MAIS ELLE EST TROP MÉFIANTE.
IL FAUT DIRE QUE J'AI QUELQUES RAISONS.
TU N'AS AUCUNE RAISON ! JE NE FAIS RIEN SANS TOI. JE RENTRE DIRECT DU BOULOT. JE NE SORS PAS LE SOIR. JE NE VOIS MÊME PLUS MES VIEUX POTES.
FRANCHEMENT, CE N'EST PAS UNE GRANDE PERTE.
EN PLUS, TU AS ACCÈS À TOUT : MON ORDI, MA TABLETTE, MES MAILS.
PAS CEUX DU BUREAU.
JE T'AI MÊME DONNÉ LE CODE DE MON PORTABLE.
ET COMMENT ÊTRE SÛRE QUE TU N'EN AS PAS UN DEUXIÈME ?

JE NE SAIS PLUS QUOI FAIRE. CHAQUE FOIS QUE JE CROISE UNE FEMME DANS LA RUE, J'AI DROIT À UNE SCÈNE.
TU N'AS QU'À BAISSER LES YEUX. EST-CE QUE JE REGARDE LES HOMMES, MOI ?
JE VAIS TE DIRE : ÇA ME FERAIT DES VACANCES.
CE N'EST PAS EN TE MOQUANT DE MOI QUE TU VAS ME RASSURER.
MAIS TU NE **VEUX** PAS ÊTRE RASSURÉE. ON DIRAIT QUE TU CHERCHES TOUT CE QUI PEUT T'ANGOISSER.
TU SAIS TRÈS BIEN QUE C'EST PLUS FORT QUE MOI.
À VOTRE AVIS, LOUISE, QUE RESSENT MARC DU FAIT QUE VOUS DOUTIEZ TELLEMENT DE LUI ?
ÇA L'AGACE ?
MARC ?
C'EST BIEN PIRE. JE ME SENS ENTIÈREMENT DÉVALORISÉ.
ALORS C'EST DE CELA DONT NOUS ALLONS PARLER : DE CE PEU DE VALEUR QUE, L'UN COMME L'AUTRE, VOUS FINISSEZ PAR VOUS ACCORDER.

MON AMIE EST TROP NÉGATIVE
ON VIENT VOUS VOIR PARCE QUE MON AMIE VOIT TOUT EN NOIR.
PAS TOUT, MAIS PAS MAL DE CHOSES, OUI.
AU DÉBUT, ÇA NE ME DÉRANGEAIT PAS. J'ÉTAIS OPTIMISTE POUR DEUX. JE LA RASSURAIS ET ON ALLAIT DE L'AVANT.
EXACTEMENT, SAUF QUE MAINTENANT AU LIEU DE ME RASSURER, TU M'EN VEUX.
C'EST VRAI, JE FINIS PAR T'EN VOULOIR DE ME DÉCOURAGER SANS CESSE.
JE NE SUIS PAS AUSSI NAÏVE QUE TOI, C'EST TOUT.

MAIS C'EST IMPOSSIBLE DE SE MÉFIER DE TOUT.
ENVISAGER LE PIRE, ÇA A TOUJOURS ÉTÉ POUR MOI UNE MANIÈRE DE LE CONJURER.
ON DIRAIT PARFOIS QUE ÇA TE FAIT PEUR D'ÊTRE HEUREUSE...
DANS MA FAMILLE, ON A APPRIS QUE LES MALHEURS ARRIVENT VITE...
DANS TA FAMILLE, OUI, MAIS PENSE UN PEU À NOUS !
C'EST MA FAÇON À MOI DE NOUS PROTÉGER !
JE SAIS BIEN, MAIS C'EST TROP LOURD. JE N'AI PLUS BEAUCOUP D'ÉNERGIE.
TU VOIS, J'AI DONC RAISON DE NE PAS ÊTRE TROP OPTIMISTE.
ET SI C'ÉTAIT CELA DONT IL FALLAIT SE MÉFIER : À FORCE D'ANTICIPER LE MALHEUR,
ON FINIT PARFOIS PAR LE PROVOQUER.

JE SUIS PLUS JEUNE QUE MA FEMME

JE TROUVE ÇA INSULTANT, ET POUR MOI ET POUR TOI.
MA MÈRE NE M'A JAMAIS BEAUCOUP ENCOURAGÉE, TU SAIS, FRANCK.
ALORS N'ÉCOUTE PAS CE QU'ELLE RACONTE.
MAIS ELLE A PEUT-ÊTRE RAISON QUAND ELLE DIT QU'UN JOUR TU VOUDRAS DES ENFANTS À TOI ET QUE CE JOUR-LÀ...
JE NE VEUX PAS D'ENFANTS. J'ADORE LES TIENS. ILS ME SUFFISENT AMPLEMENT.
JE VOUDRAIS TE CROIRE.
QU'EST-CE QUI VOUS EN EMPÊCHE?
ELLE N'A PAS CONFIANCE EN MOI.
VOUS DIRIEZ CELA, LILIANE?
C'EST PLUTÔT EN MOI QUE JE N'AI PAS CONFIANCE.
EFFECTIVEMENT, ET C'EST CETTE CONFIANCE QU'IL VA FALLOIR D'ABORD RESTAURER.
LE REGARD DES AUTRES EST AVANT TOUT LE REFLET DE CELUI QU'ON PORTE SUR SOI.

MA FEMME DÉTESTE MA FAMILLE
ON VIENT VOUS VOIR PARCE QUE MA FEMME NE SUPPORTE PLUS MA FAMILLE.
CE N'EST PAS UNE FAMILLE, ANTONIO, C'EST UN CLAN.
POURQUOI DIS-TU ÇA, JENNY? ON EST SOUDÉS. C'EST TOUT.
SOUDÉS EST UN MOT FAIBLE: TOUT LE MONDE HABITE LE MÊME IMMEUBLE.
JE NE VOIS PAS BIEN EN QUOI ÇA TE DÉRANGE.
IMMEUBLE QUI APPARTIENT À TON PÈRE, AINSI QUE LE MAGASIN EN BAS, OÙ VOUS TRAVAILLEZ TOUS, FRÈRES, SŒURS, BEAUX-FRÈRES BELLES-SŒURS, SAUF MOI.

J'AIME MIEUX BOSSER POUR MA FAMILLE QUE POUR UN PATRON.
QUAND ON CONNAÎT TON PÈRE, ON PEUT SE POSER LA QUESTION.
POURTANT, IL NOUS A VRAIMENT AIDÉS, AU DÉBUT, QUAND ON S'EST INSTALLÉS.
TU SAIS BIEN QU'IL A EU MILLE MANIÈRES DE NOUS LE FAIRE PAYER. SURTOUT À MOI, LA PIÈCE RAPPORTÉE.
JE SAIS, MAIS JE NE CHANGERAI PAS MON PÈRE, JE DOIS EN PRENDRE MON PARTI.
PARFOIS, J'AIMERAIS BIEN AUSSI QUE TU PRENNES LE MIEN.
ET POURQUOI NE PAS RÉFLÉCHIR À LA MANIÈRE DE PRENDRE ENSEMBLE
LE PARTI DE VOTRE COUPLE ?

SON EX PREND TROP DE PLACE DANS NOTRE VIE

MAIS QU'EST-CE QUE TU VEUX, LAMIA, QUE JE NE LUI PARLE PLUS JAMAIS ?
NON. JE VEUX QUE TU CHOISISSES.
JE TE RAPPELLE QUE JE L'AI QUITTÉE. ET QUE JE VIS AVEC TOI.
PARFOIS, ON DIRAIT QUE TU LE REGRETTES.
CE QUE JE REGRETTE C'EST QUE MON EX-FEMME SOIT LE PRINCIPAL SUJET DE NOS CONVERSATIONS.
À QUI LA FAUTE ?
COMMENT CONVAINCRE LAMIA QUE C'EST ELLE QUI ME REND HEUREUX ?
EN LE LUI DISANT PLUS SOUVENT ?
COMMENT FAIRE COMPRENDRE À MATHIEU QUE JE VEUX JUSTE QUE SON EX PRENNE UN PEU MOINS DE PLACE ?
PEUT-ÊTRE EN LUI ACCORDANT, VOUS, LAMIA, NETTEMENT MOINS D'IMPORTANCE.

MON MARI EST TROP PASSIF
ON VIENT VOUS VOIR PARCE QUE MON MARI ME DÉÇOIT.
MALIKA TROUVE QUE JE NE SUIS PAS ASSEZ PROACTIF.
OUI, C'EST EXACTEMENT ÇA QUE JE TE REPROCHE. TU AS UN POTENTIEL ÉNORME ET TU N'EN FAIS RIEN.
EXCUSE-MOI, JE BOSSE. J'AI UN CDI... ET JE CROIS QUE JE NE FAIS PAS TROP MAL MON BOULOT.
TECHNICIEN-RADIO, POUR MOI. C'EST PAS UNE AMBITION.
MAIS TU VOUDRAIS QUE JE FASSE QUOI ?
PEU IMPORTE ! CE QUE TU AIMES. JE VOUDRAIS QUE TU AIES DES RÊVES DES PROJETS, DES ENVIES, DES DÉSIRS.
TU VOUDRAIS QUE JE SOIS COMME TOI.

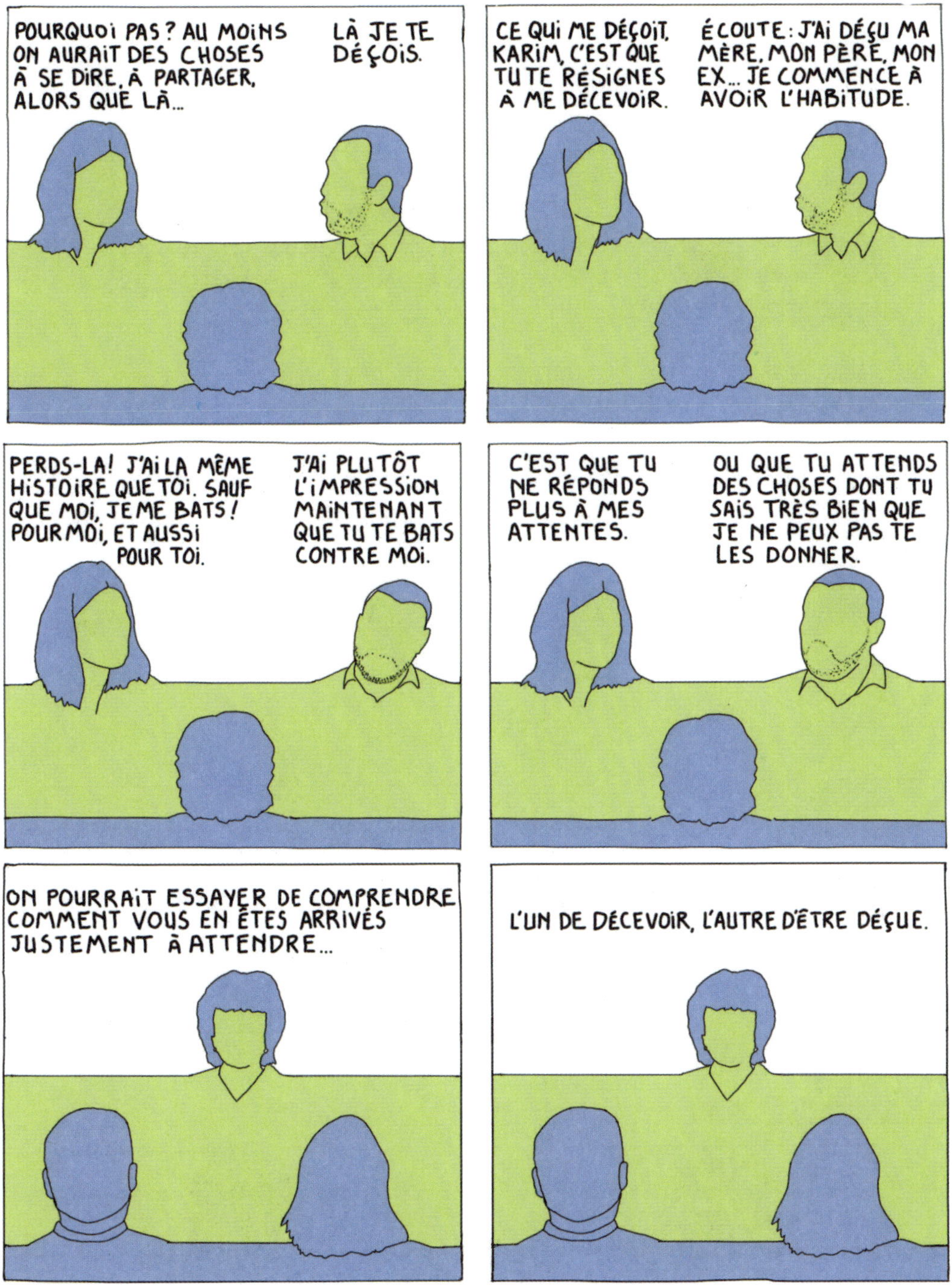
POURQUOI PAS ? AU MOINS ON AURAIT DES CHOSES À SE DIRE, À PARTAGER, ALORS QUE LÀ...
LÀ JE TE DÉÇOIS.
CE QUI ME DÉÇOIT, KARIM, C'EST QUE TU TE RÉSIGNES À ME DÉCEVOIR.
ÉCOUTE : J'AI DÉÇU MA MÈRE, MON PÈRE, MON EX... JE COMMENCE À AVOIR L'HABITUDE.
PERDS-LA ! J'AI LA MÊME HISTOIRE QUE TOI. SAUF QUE MOI, JE ME BATS ! POUR MOI, ET AUSSI POUR TOI.
J'AI PLUTÔT L'IMPRESSION MAINTENANT QUE TU TE BATS CONTRE MOI.
C'EST QUE TU NE RÉPONDS PLUS À MES ATTENTES.
OU QUE TU ATTENDS DES CHOSES DONT TU SAIS TRÈS BIEN QUE JE NE PEUX PAS TE LES DONNER.
ON POURRAIT ESSAYER DE COMPRENDRE COMMENT VOUS EN ÊTES ARRIVÉS JUSTEMENT À ATTENDRE...
L'UN DE DÉCEVOIR, L'AUTRE D'ÊTRE DÉÇUE.

MON FILS TROUVE QUE JE LE SURPROTÈGE

NE SOIS PAS INSOLENT. JE SUIS TA MÈRE ET QUE TU LE VEUILLES OU NON, JE SUIS RESPONSABLE DE TOI.
OUI, MAIS MOI JE NE SUIS PAS RESPONSABLE DE TES DÉLIRES.
C'EST POUR TON BIEN GRÉGOIRE QUE JE TE DIS TOUT ÇA.
LE PROBLÈME C'EST QUE TU SAIS TOUJOURS MIEUX QUE MOI CE QUI EST BON POUR MOI.
LA PLUPART DU TEMPS, JE NE ME TROMPE PAS.
PEUT-ÊTRE, MAIS J'AIMERAIS BIEN AUSSI QUE TU ME FASSES UN PEU CONFIANCE.
JE VOUS PROPOSE UNE CHOSE : POUR LA SEMAINE PROCHAINE, CHACUN DE VOUS FERA UNE LISTE : LAURE, DES CINQ CONSEILS QU'ELLE VOUDRAIT DONNER À GRÉGOIRE.
GRÉGOIRE, DES CINQ QU'IL SOUHAITE NE PAS RECEVOIR. ET NOUS COMPARERONS LES DEUX LISTES.

MON MARI ME TROMPE
ON VIENT VOUS VOIR PARCE QUE MON MARI A UNE MAÎTRESSE.
C'EST UN BIEN GRAND MOT.
ET TU APPELLES ÇA COMMENT ?
MAIS JE NE SAIS PAS, MOI...
QUELQU'UN QUE TU RETROUVES DANS UNE CHAMBRE D'HÔTEL UNE FOIS PAR SEMAINE...
NE M'ACCABLE PAS.
PEU PROBABLE QU'IL S'AGISSE DES AFFAIRES DU BUREAU.
D'ACCORD, D'ACCORD.

QUAND JE L'AI DÉCOUVERT, IL A ESSAYÉ DE NIER, MAIS IL A FINI PAR AVOUER.
C'EST PAS FACILE DE TE MENTIR.
SA MÈRE M'AVAIT PRÉVENUE, QU'IL ÉTAIT FAIBLE, QU'ON NE POUVAIT PAS LUI FAIRE CONFIANCE.
MAIS QUE TU ME FASSES ÇA À MOI, FRANCHEMENT, JE NE M'Y ATTENDAIS PAS.
JE NE SAIS PAS CE QUI M'A PRIS.
EN SOMME, VOUS NE VOUS Y ATTENDIEZ NI L'UN NI L'AUTRE...
MAIS SANS DOUTE PAS POUR LES MÊMES RAISONS. ET C'EST CE DONT NOUS POURRIONS PARLER ICI.

JE NE PLAIS PLUS À MON MARI

JE ME CULPABILISE ASSEZ TOUTE SEULE, PAS BESOIN D'EN RAJOUTER.
JE NE SAIS PLUS COMMENT M'Y PRENDRE AVEC TOI!
PAR EXEMPLE, TU POURRAIS DE TEMPS EN TEMPS ME FAIRE DES COMPLIMENTS.
MAIS JE N'ARRÊTE PAS DE TE DIRE QUE JE T'AIME, SAUF QUE TU NE ME CROIS PAS.
ON NE PEUT PAS AIMER QUELQU'UN DE MOCHE COMME ÇA!!
C'EST BIEN CE QUE JE DISAIS: TU NE ME LAISSES AUCUNE CHANCE.
C'EST DIFFICILE DE CROIRE QU'ON VOUS AIME QUAND ON NE S'AIME PLUS SOI-MÊME.
MAIS C'EST DIFFICILE AUSSI DE NE PAS ÊTRE CRU QUAND ON AIME.

POUR ALLER PLUS LOIN

Je me sens inférieur à ma femme

Lorsqu'on se dévalorise devant son partenaire, on dévalorise, du même coup, l'intérêt qu'il vous porte, son amour, le choix qu'il a fait de vivre avec vous. Se déprécier soi-même, c'est donc déprécier celui avec qui on vit.

Ma femme ne pense qu'à l'enfant

L'arrivée d 'un enfant bouleverse l'équilibre du couple. Tous les repères sont à réajuster. Pour éviter que l'un ou l'autre se sente exclu de la relation qui s'instaure avec l'enfant, il importe que le couple en tant que tel continue à exister. C'est en gardant sa place au couple qu'on en fait une à l'enfant.

Mon mari a honte de moi

Avec le temps, si le dialogue se raréfie, il peut arriver que chacun se fabrique une image faussée de soi-même et de l'autre. D'où la nécessité, pour éviter que les malentendus s'enkystent, de parler de ces représentations : qu'en est-il vraiment de ce qu'on imagine de soi et de ce qu'on imagine que l'autre imagine de vous ?

Mon amie me ment

Face à quelqu'un qui vous soupçonne à tort de mentir, il est difficile de trouver la bonne réponse. Celle qui apaisera les inquiétudes, celle qui ne sera pas suivie d'une autre question. Mais se taire ne fait que renforcer l'engrenage du doute. Mieux vaut peut-être alors parler de la souffrance que l'on ressent : l'un à se croire trahi, l'autre à être considéré comme traître.

Mon mari m'infantilise

Lorsque l'un des partenaires se sent infantilisé, il arrive qu'à la longue il finisse par se révolter. Ce qui surprend l'autre qui se voyait jusque-là dans le rôle du protecteur, voire du chevalier servant : celui qui décidait de tout pour le bien de tous. Un réaménagement des rôles, si nécessaire soit-il, demande du temps. On ne modifie pas facilement un système relationnel qui a duré longtemps.

On n'arrive plus à travailler ensemble

Choisir de travailler en couple nécessite de prendre au préalable quelques précautions. Être hiérarchiquement sur un pied d'égalité, avoir des postes bien différenciés, et surtout veiller à ne pas tout mélanger en important les problèmes conjugaux au travail et les soucis professionnels à la maison.

Ma femme est jalouse

La jalousie fonctionne comme une addiction. Une fois qu'on lui a ouvert la porte, elle envahit tout. Elle devient la préoccupation principale de celui qui l'éprouve et son partenaire finit par avoir moins d'importance que la jalousie dont il fait l'objet. En prendre conscience aide à redonner du sens à ce qui compte vraiment.

Mon amie est trop négative

Les anticipations négatives ont parfois du bon. Mieux vaut sans doute faire preuve de lucidité que de s'aveugler plus ou moins volontairement. Mais les difficultés commencent quand le pessimisme colore tout l'avenir, toute la vie. Et c'est trop demander à son partenaire que d'être toujours optimiste pour deux. Lui aussi a besoin parfois de soutien.

Je suis plus jeune que ma femme

La différence d'âge fait partie des multiples facteurs, conscients ou non, qui font qu'on choisit tel ou tel partenaire, mais elle ne constitue pas le tout de la relation. Pas plus que des différences d'origine ou de religion. C'est en se montrant assuré soi-même de la solidité de son couple qu'on déjouera tabous et jugements malveillants.

Ma femme déteste ma famille

L'emprise d'une famille d'origine peut impacter le couple, surtout lorsque celle-ci fonctionne en bloc soudé, sans laisser de place aux conjoints. Il importe pourtant de s'en dégager, sauf à demeurer à vie les enfants de ses parents et à ne pas pouvoir construire soi-même sa propre famille.

Son ex prend trop de place dans notre vie

Thème récurrent des recompositions familiales : la rivalité entre le conjoint actuel et l'ancien avec qui on doit rester lié du fait des enfants. Il ne s'agit pas de choix (il est fait, et il faut le signifier clairement) mais de bien délimiter ce qui relève d'une communication nécessaire et ce qui s'apparente à de l'intrusion agressive.

Mon mari est trop passif

Un des pièges de la vie à deux consiste à vouloir changer l'autre, y compris « pour son bien ». Or, lui reprocher ce qu'il est risque de le figer davantage. Mieux vaut donc relâcher cette pression pour réfléchir ensemble à la manière dont la relation (et pas seulement un de ses membres) peut évoluer en tenant compte des ressources de chacun.

Mon fils trouve que je le surprotège

On a beau savoir qu'il faut permettre à un adolescent de développer son autonomie et son individualité, tout en lui posant des limites claires, le juste dosage n'est pas si facile à trouver. Deux mots-clés pourtant : le dialogue et la confiance. Ne pas avoir de craintes pour lui, à sa place, en sorte qu'il puisse vous les confier, si elles surviennent.

Mon mari me trompe

Une infidélité passagère peut constituer pour le couple un signal d'alarme, voire un appel au secours, certes douloureux mais qui se révèle souvent être l'occasion d'une vraie remise en question de chacun des partenaires. De quel assèchement de la relation est-ce le reflet ? Comment s'en saisir dans un dialogue, une confiance, un désir retrouvés ?

Je ne plais plus à mon mari

Avoir du mal à s'aimer soi-même n'implique pas que l'autre ne vous aime pas. Mais lui signifier en permanence que cet amour est injustifié, c'est lui infliger une blessure narcissique en miroir. « Tu ne vaux pas grand-chose pour aimer quelqu'un d'aussi peu aimable que moi ! »

COOPÉRATION

Les origines

Le village tire son nom du latin *cum operare*, qui signifie travailler conjointement avec quelqu'un. La coopération implique la reconnaissance mutuelle des capacités de chacun et une forte solidarité.

DES DÉBUTS DIFFICILES

Comme tous les villages du pays, Coopération connut des heures pénibles. Durant la première moitié de son histoire, des querelles incessantes déchiraient les couples au sujet de la gestion des affaires courantes. Une fois par semaine, les mères de famille se réunissaient au pied de la Statue de la Charge Mentale pour échanger des anecdotes excédées au sujet du Travail Invisible. Elles en avaient assez de devoir tout prévoir, tout organiser, tout vérifier pour la bonne marche du foyer. De leur côté, les hommes se disaient incompris, ils avaient fait des efforts pourtant, passé le balai, sorti les poubelles, ils s'étaient même occupés des enfants, mais ce n'était jamais bien, jamais assez, jamais au bon moment, et s'il fallait en plus deviner ce qu'on ne leur avait même pas demandé, alors là, non, pitié, c'était beaucoup trop compliqué ! Qu'elles se débrouillent. Ils abandonnaient !

La Statue de la Charge mentale : elle fut édifiée par les femmes du village pour symboliser le poids que représentait pour elles la gestion quotidienne du foyer. Construite à l'origine avec des ustensiles ménagers, elle est désormais végétalisée.

Et c'est ainsi que, pendant des années, comme si hommes et femmes s'étaient donné le mot pour ne pas s'entendre, le même lamento à deux voix résonna en boucle dans le village. « *Je suis bien obligée de tout organiser puisque tu ne prends aucune initiative* », martelaient les unes. « *Si seulement tu m'avais laissé cinq minutes, je m'en serais occupé* », grommelaient les autres…

UNE INITIATIVE BIENVENUE

Heureusement, un groupe de jeunes gens, membres du club sportif du village, s'avisa que vivre à Coopération et passer son temps, comme le faisaient leurs parents « *à se la jouer perso* » ou à « *marquer contre son camp* » avait quelque chose d'absurde.
Ils se réunirent donc en grand secret et un beau matin, sur la place du village, face à la mairie, on vit flotter une immense banderole décorée de couleurs vives sur laquelle on pouvait lire :

FAITES L'ÉQUIPE, PAS LA GUERRE

Sur quoi chaque adolescent fit cadeau à ses parents d'un petit *Manuel coopératif* qu'ils devaient consulter et méditer, ensemble justement, et surtout pas chacun de son côté.

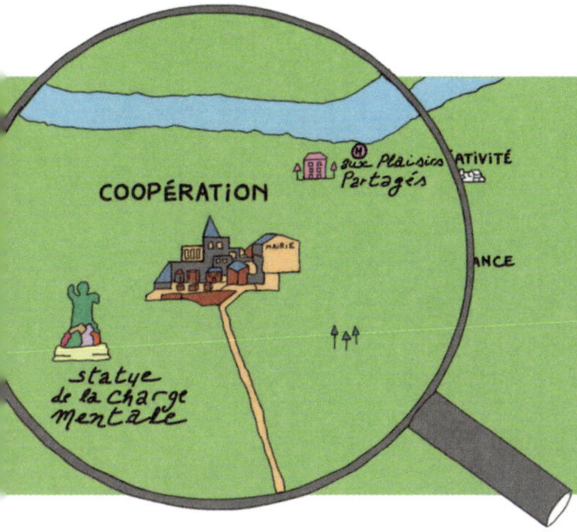

OÙ SE RESTAURER, OÙ DORMIR
Aux plaisirs partagés. Hôtel restaurant de charme. Le week-end, le chef propose aux couples d'imaginer et de réaliser ensemble des plats qu'ils dégusteront ensuite à deux.

SOUVENIRS À RAPPORTER
Coop n'co. Jeu de société dont le but n'est pas de gagner *contre*, mais *avec* les autres. Imaginé par l'entraîneur du club sportif pour souder son équipe, il est devenu le passe-temps favori des habitants de Coopération. À partir de 2 joueurs. En vente à la boutique du club.

« *Un couple*, pouvait-on y lire en introduction, *c'est comme une équipe et, pour qu'une équipe fonctionne, les rôles doivent être distribués de sorte que chacun en prenne sa juste part et laisse à l'autre la sienne.* » Suivaient quelques *règles du jeu à deux* qu'ils avaient formulées ainsi :

Prendre sa part :

> *Expérimenter une tâche avant de décréter qu'on en est incapable.*
> *Se charger des tâches que l'on peut faire, pas seulement de celles qui vous plaisent.*
> *Non seulement accomplir mais aussi anticiper les tâches dont on s'est chargé.*

Laisser à l'autre la sienne :

> *Accepter de ne pas pouvoir tout prévoir.*
> *Renoncer à tout faire.*
> *Laisser à l'autre la maîtrise de ce dont il s'est chargé, même si sa manière de faire n'est pas la nôtre.*

Et surtout ne pas se laisser enfermer ni enfermer l'autre dans un rôle.

> *Se montrer ensemble souples, inventifs, confiants.*

Un peu confus d'avoir dû être ainsi sollicités par leur progéniture, les couples se mirent au travail. La conclusion du manuel surtout les mobilisa. La coopération ne se résumait pas à une répartition, même à peu près équitable, des tâches. Pour que l'*équipe couple* fonctionne, il lui fallait d'abord valoriser l'apport de chacun. Et ne pas considérer ce que faisait l'autre comme un acquis, un dû, mais plutôt comme une contribution volontaire et heureuse au bien-être commun.

La Banderole de la Coopération : entièrement dessinée à la main par les jeunes du village, elle orne à présent la salle des mariages de la Mairie.

C'était ainsi et seulement ainsi, écrivaient les adolescents, que leur village pouvait mériter son nom.

ON NE SE VOIT PLUS JAMAIS
ON VIENT VOUS VOIR PARCE QUE J'AI L'IMPRESSION QUE MON MARI ME FUIT.
LE MATIN, IL PART AVANT QUE JE SOIS RÉVEILLÉE.
IL NE RENTRE PAS DÉJEUNER.
LE SOIR, IL RESTE AU BUREAU JUSQU'À DES HEURES INSENSÉES

LE WEEK-END, IL FAIT DU SPORT.
ET LES RARES FOIS OÙ IL EST À LA MAISON, IL NE DÉCOLLE PAS DE SON ORDINATEUR.
BREF, JE NE TE VOIS JAMAIS.
ET POURTANT, JE SUIS LÀ.
C'EST VRAI.
ET SI VOUS ÉTIEZ VENUS ICI TOUS LES DEUX...
POUR RECOMMENCER À VOUS VOIR ?

MON COMPAGNON NE FAIT RIEN COMME IL FAUT

C'EST BIEN SIMPLE : J'AI L'IMPRESSION D'AVOIR UN GOSSE DE PLUS À LA MAISON.
ET MOI, UNE CONTRÔLEUSE DE GESTION.
EN SOMME, SOPHIE, VOUS VOUDRIEZ QU'ALEXANDRE VOUS SOUTIENNE COMME UN ADULTE...
ET VOUS, ALEXANDRE QUE SOPHIE AIT CONFIANCE EN VOUS ET CESSE DE VOUS CONSIDÉRER COMME UN ENFANT.
C'EST EXACTEMENT ÇA.
ET SI ON PARLAIT DE SOUTIEN ET DE CONFIANCE...
PLUTÔT QUE DE SOUMISSION ET DE DÉSOBÉISSANCE ?

J'ÉTOUFFE DANS MON COUPLE
ON VIENT VOUS VOIR PARCE QUE MON MARI M'ÉTOUFFE.
TU N'AS PAS TOUJOURS DIT ÇA !
C'EST VRAI, AU DÉBUT IL ÉTAIT SI PRÉVENANT, JE ME SENTAIS PROTÉGÉE.
TU VOIS !
OUI, MAIS MAINTENANT, SI J'AI DIX MINUTES DE RETARD, TOUT JUSTE S'IL N'APPELLE PAS LE SAMU.
TU N'AS QU'À ME PRÉVENIR, ALINE, C'EST POURTANT PAS SI COMPLIQUÉ.
JE NE PEUX PLUS RIEN FAIRE SEULE. NI PRENDRE UN CAFÉ NI ALLER À LA GYM, RIEN, IL ME SUIT MÊME CHEZ LE COIFFEUR.
TU NE M'AIMES PLUS !

MAIS SI, DENIS! LE PROBLÈME C'EST QUE TU NE SUPPORTES PAS QUE J'AIE UNE VIE SANS TOI !
C'EST NORMAL. À QUOI ÇA SERT D'ÊTRE EN COUPLE SI ON NE FAIT PAS TOUT ENSEMBLE !
J'AI BESOIN D'AVOIR UN PEU D'ESPACE À MOI.
ET MOI, QUE TU SOIS TOUT LE TEMPS AVEC MOI !
TU VEUX M'ENFERMER DANS UNE BOÎTE.
TU VEUX M'Y LAISSER MOURIR TOUT SEUL !
CETTE BOÎTE, VOUS L'AVEZ CONSTRUITE À DEUX.
JE VOUS PROPOSE D'IMAGINER ENSEMBLE LES MOYENS D'EN SORTIR.

JE ME DEMANDE SI JE SUIS ENCORE AMOUREUX
JE VIENS VOUS VOIR PARCE QUE JE NE SUIS PLUS TRÈS SÛR DE MON COUPLE.
AU DÉBUT, CHACUN AVAIT L'IMPRESSION D'AVOIR TROUVÉ SA MOITIÉ D'ORANGE.
ON PENSAIT LA MÊME CHOSE EN MÊME TEMPS. ON DÉSIRAIT LA MÊME CHOSE EN MÊME TEMPS.
ET MAINTENANT?
MAINTENANT, ON EST PLUTÔT HEUREUX, LE SEXE ÇA MARCHE BIEN. ON SE PARLE BEAUCOUP, SAUF QUE...
SAUF QUE...

SAUF QUE PARFOIS IL Y A DES BUGS. CE N'EST PAS AUSSI FLUIDE QU'AVANT ET ÇA M'INQUIÈTE.
DU COUP, JE ME DEMANDE SI JE SUIS ENCORE AMOUREUX.
MAIS VOUS TENEZ À VOTRE AMI.
BIEN SÛR, C'EST LA MEILLEURE CHOSE QUI ME SOIT ARRIVÉE DANS LA VIE !
ALORS ?
ALORS, C'EST COMME SI J'AVAIS PEUR QU'ON SE DÉÇOIVE L'UN L'AUTRE QU'IL VOIE MES IMPERFECTIONS ET QUE JE VOIE LES SIENNES. C'EST DIFFICILE.
SANS DOUTE, MAIS VOIR LES IMPERFECTIONS DE L'AUTRE, ACCEPTER DE MONTRER LES SIENNES...
CE N'EST PAS CESSER D'AIMER. BIEN AU CONTRAIRE.

MA FEMME EST DÉPRIMÉE
ON VIENT VOUS VOIR PARCE QUE MA FEMME NE VA PAS BIEN.
NON : PARCE QUE MON MARI PENSE QUE JE NE VAIS PAS BIEN.
ELLE ME PARLE À PEINE. ELLE NE S'OCCUPE PLUS DE LA MAISON.
C'EST SURTOUT DE LUI QUE JE M'OCCUPE MOINS.
ELLE S'INTÉRESSE À DES TRUCS BIZARRES, JUSTE POUR M'EXCLURE.
J'AI DÉCIDÉ D'APPRENDRE LE JAPONAIS !!!

C'EST BIEN CE QUE JE DISAIS, À CINQUANTE ANS QUAND ON EST INFIRMIÈRE, LE JAPONAIS, ÇA NE SERT ABSOLUMENT À RIEN.
SAUF À ME FAIRE PLAISIR. MAIS ÇA, MANIFESTEMENT...
POUR DIRE LE FOND DE MA PENSÉE, JE CROIS QU'ELLE EST DÉPRIMÉE.
MAIS PAS DU TOUT, AU CONTRAIRE, C'EST LUI QUI TOURNE EN BOUCLE TOUT SEUL.
CE QUE JE VOUDRAIS, MOI, C'EST QUE VOUS L'AIDIEZ À S'INTÉRESSER DAVANTAGE À SON COUPLE.
ET MOI PAREIL : QUE VOUS LUI FASSIEZ COMPRENDRE QUE CE N'EST PAS EN ME BRIMANT QU'IL VA ME MOTIVER.
JE VOUS PROPOSE ALORS DE CONTINUER LA SÉANCE...
MAIS EN VOUS ADRESSANT CETTE FOIS L'UN À L'AUTRE, DIRECTEMENT

MON MARI NE SUPPORTE PAS LE CHÔMAGE
ON VIENT VOUS VOIR PARCE QUE MON MARI EST AU CHÔMAGE ET QU'IL NE VEUT PAS QUE JE L'AIDE.
JE NE TE LE DEMANDE PAS.
JE SAIS. MAIS DU COUP, JE ME SENS COMPLÈTEMENT INUTILE.
TU N'AS AUCUNE IDÉE DE CE QUE ÇA REPRÉSENTE POUR MOI.
J'ESSAIE DE ME METTRE À TA PLACE POURTANT.
SAUF QU'À MA PLACE, JUSTEMENT, TU N'Y ES PAS.
TU NE VAS QUAND MÊME PAS ME REPROCHER DE TRAVAILLER, C'EST INJUSTE.
TOUT EST INJUSTE, DANS CETTE HISTOIRE.

LE PIRE, C'EST QU'IL N'A PLUS ENVIE DE RIEN, MÊME PAS DE MOI.
ON N'EST PAS VRAIMENT UN HOMME QUAND ON NE TRAVAILLE PAS.
CE N'EST PAS PARCE QUE TU ES AU CHÔMAGE QUE JE NE T'AIME PLUS.
TU M'AIMES OU TU AS PITIÉ ?
Si J'AVAIS PITIÉ, JE NE SERAIS PAS LÀ AVEC TOI. TOUT CE QUE JE VEUX, C'EST T'AIDER.
JE SAIS, EXCUSE-MOI, MAIS J'AI DU MAL À ACCEPTER DE NE SERVIR À RIEN.
ALORS PEUT-ÊTRE QU'AU LIEU DE VOULOIR À TOUT PRIX AIDER LAURENT,
VOUS POURRIEZ, VOUS, SOLANGE, LUI DEMANDER DE L'AIDE.

MON MARI ME TROUVE TROP DÉPENSIÈRE

SAUF QUE TOI, C'EST PARCE QUE TON PÈRE ÉTAIT RADIN.
IL TROUVAIT SURTOUT QU'ON DEVAIT SE CONTENTER DU STRICT NÉCESSAIRE. LE SUPERFLU, LE PLAISIR, C'ÉTAIT PAS POUR NOUS.
ET DU COUP, TOUTE TA JEUNESSE TU T'ES SENTI FRUSTRÉ. JE NE VEUX PAS DE ÇA POUR MES ENFANTS.
C'EST POSSIBLE MAIS MOI, ÇA ME FRUSTRE DE DEVOIR ENCORE ME RESTREINDRE.
ON DIRAIT PRESQUE QUE TU ES JALOUX DE TES ENFANTS.
EN TOUT CAS C'EST COMME SI LES DÉSIRS DES AUTRES AVAIENT TOUJOURS PLUS D'IMPORTANCE QUE LES MIENS.
AU FOND, VOUS AVEZ SOUFFERT, ENFANTS, DES MÊMES LIMITES ET CHACUN A CHERCHÉ À LES COMPENSER, MAIS DE MANIÈRE DIFFÉRENTE.
PEUT-ÊTRE BIEN.
EN PARLER VA VOUS AIDER À CHERCHER UNE SOLUTION QUI NE LÈSE PERSONNE...
NI LES PARENTS, NI LES ENFANTS.

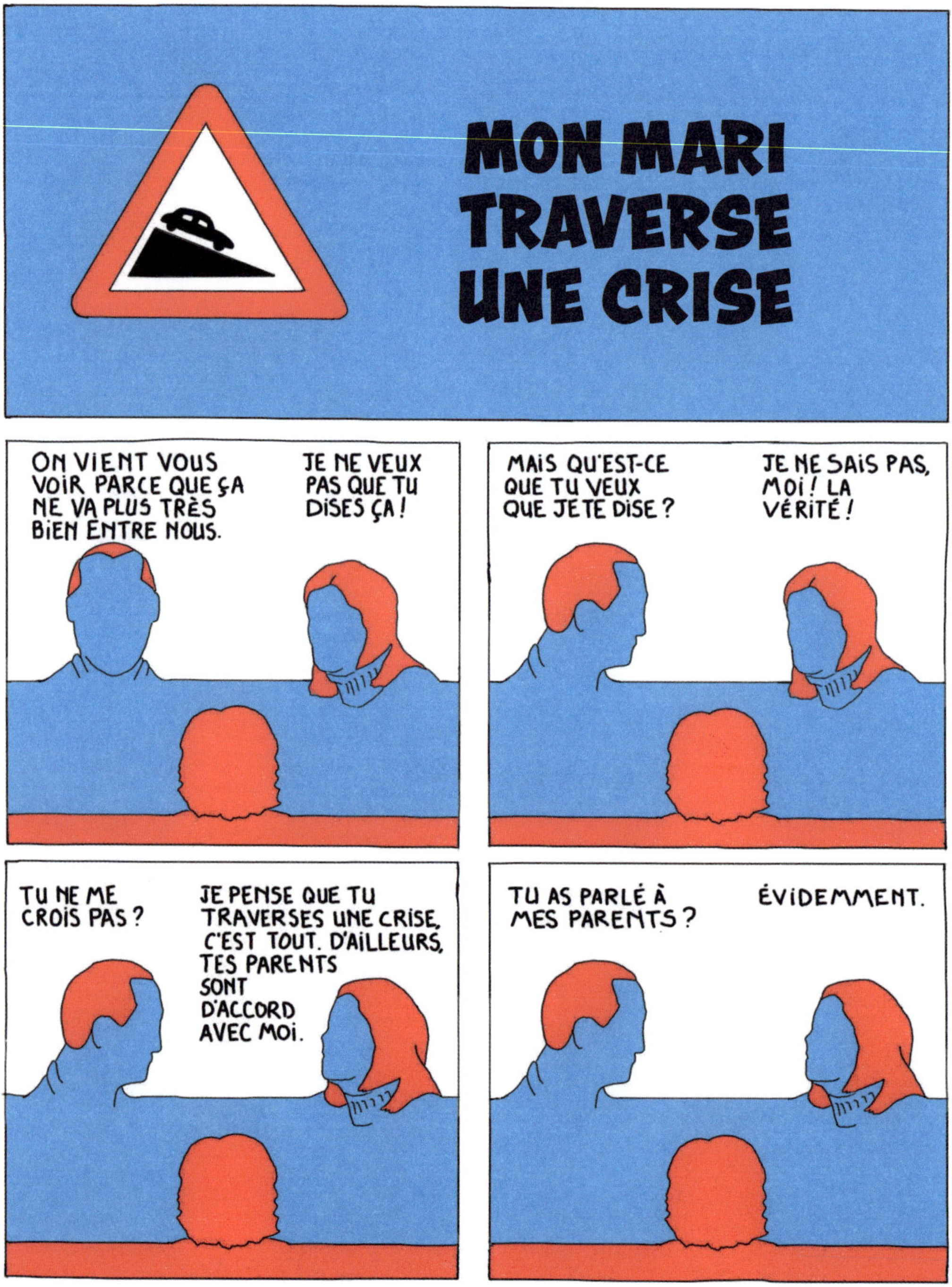
MON MARI TRAVERSE UNE CRISE
ON VIENT VOUS VOIR PARCE QUE ÇA NE VA PLUS TRÈS BIEN ENTRE NOUS.
JE NE VEUX PAS QUE TU DISES ÇA !
MAIS QU'EST-CE QUE TU VEUX QUE JE TE DISE ?
JE NE SAIS PAS, MOI ! LA VÉRITÉ !
TU NE ME CROIS PAS ?
JE PENSE QUE TU TRAVERSES UNE CRISE, C'EST TOUT. D'AILLEURS, TES PARENTS SONT D'ACCORD AVEC MOI.
TU AS PARLÉ À MES PARENTS ?
ÉVIDEMMENT.

MAIS TU LES DÉTESTES.
ET ALORS ?
ALORS RIEN.
TU VOIS, C'EST TOUJOURS COMME ÇA QUAND ON DISCUTE AVEC TOI.
MAIS COMMENT PEUX-TU ÊTRE HEUREUSE SI JE NE LE SUIS PAS ?
À VRAI DIRE, ENTRE LE TRAVAIL ET LES ENFANTS JE N'AI PAS TROP LE LOISIR D'Y PENSER !
ET POURTANT, SI VOUS AVEZ PRIS LE TEMPS DE VENIR ICI TOUS LES DEUX,
N'EST-CE PAS JUSTEMENT POUR VOUS POSER CETTE QUESTION ?

ON A DU MAL AVEC L'ARRIVÉE DU BÉBÉ

ON A L'IMPRRESSION D'AVOIR VIEILLI DE DIX ANS.
ON ÉTAIT DES AMOUREUX ET HOP, D'UN SEUL COUP ON EST DEVENU DES PARENTS.
LES AMIS NOUS DISENT TOUT ET SON CONTRAIRE.
ÇA VA DE "COURAGE, SERREZ LES DENTS, IL FAUT VOUS ACCROCHER" À "BIENVENUE AU CLUB, MIEUX VAUT VOUS RÉSIGNER"...
NOS PARENTS C'EST PIRE : MA MÈRE ME SERINE QUE DE SON TEMPS ON NE SE PLAIGNAIT PAS SANS ARRÊT.
ET LA MIENNE SOUS-ENTEND QU'ON AURAIT DÛ MIEUX RÉFLÉCHIR AVANT DE FAIRE UN BÉBÉ.
EST-CE QUE C'EST NORMAL D'ÊTRE SI DÉSEMPARÉS ?
QU'EN PENSEZ-VOUS ?
PEUT-ÊTRE QUE OUI, AU FOND.
EXACTEMENT. PASSER DE DEUX À TROIS, ÇA NE VA PAS SANS DIFFICULTÉS.
MAIS SAVOIR QU'ON NE POURRA PAS TOUT DE SUITE TOUT CONCILIER, C'EST LE MEILLEUR MOYEN POUR FINIR PAR Y ARRIVER.

ON N'A PLUS DE RELATIONS SEXUELLES

J'AVAIS HONTE, JE N'OSAIS PAS.
DU COUP, JE ME POSAIS MILLE QUESTIONS. EST-CE QUE ÇA VENAIT DE LUI ? DE MOI ? EST-CE QU'IL EN AIMAIT UNE AUTRE ? UN AUTRE ? À FORCE, JE ME SUIS DÉCOURAGÉE.
MAIS MAINTENANT QUE JE VAIS MIEUX, C'EST ELLE QUI NE VEUT PLUS DE MOI.
C'EST COMME S'IL FALLAIT TOUT RECOMMENCER. JE ME SENS BIZARRE, MAL À L'AISE.
TU SAIS, JE NE SUIS PAS TRÈS À L'AISE, MOI NON PLUS.
C'EST VRAI ? AU FOND ÇA ME RASSURE QUE TU DISES ÇA.
ALORS, C'EST PEUT-ÊTRE CELA VOTRE CHANCE : NON PAS TOUT RECOMMENCER,
MAIS VOUS REDÉCOUVRIR ENSEMBLE, AUTREMENT.

MON AMI SE LAISSE ALLER
ON VIENT VOUS VOIR PARCE QUE MON AMI SE NÉGLIGE.
JE NE COMPRENDS MÊME PAS CE QU'IL VEUT DIRE.
REGARDE-TOI ! J'AI RENCONTRÉ UN GARÇON ÉLÉGANT. JE ME RETROUVE À 40 ANS AVEC UN PAPY EN BASKETS.
TU SAIS QUOI ? LE PAPY EST FATIGUÉ. SI TU LE LÂCHAIS UN PEU ?
POUR MOI C'EST SIMPLE, SI TU NE CHERCHES PLUS À ME SÉDUIRE, C'EST QUE TU NE ME DÉSIRES PLUS.
À MOINS QUE CE NE SOIT L'INVERSE.
MOI AU MOINS JE METS UN POINT D'HONNEUR À ÊTRE TOUJOURS IMPECCABLE.
ET ÇA NOUS AVANCE À QUOI ?

JE NE SAIS PAS, MOI. TU POURRAIS EN ÊTRE FIER. APRÈS TOUT, JE FAIS ÇA POUR TOI.
J'AIMERAIS EN ÊTRE SÛR.
PENDANT UNE SEMAINE JE ME SUIS HABILLÉ COMME LUI, JOGGING ET VIELLES SAVATES. IL NE S'EN EST MÊME PAS APERÇU.
ÇA M'A FAIT RIRE. JE TE TROUVAIS CRAQUANT.
C'EST VRAI? PARCE QUE J'ÉTAIS MAL HABILLÉ?
NON. PARCE QUE JE TE RETROUVAIS, TOI, SANS CETTE CUIRASSE.
JE SAIS QUE JE SUIS AGAÇANT PARFOIS. MAIS J'AI BESOIN QUE TU ME MONTRES QUE TU TIENS À MOI.
J'ESSAIE. MAIS TU NE LE VOIS PAS. ALORS, JE NE FAIS PLUS TROP D'EFFORTS.
PEUT-ON DIRE ALORS QU'AU-DELÀ DES APPARENCES, CHACUN DE VOUS VOUDRAIT QUE L'AUTRE LE REGARDE DAVANTAGE...
POUR CE QU'IL EST VRAIMENT?

MA FEMME A LA MANIE DU RANGEMENT

LE PROBLÈME, NADINE, C'EST QUE PLUS TU ME HARCÈLES POUR LA RANGER, PLUS ÇA ME STRESSE ET PLUS J'AI ENVIE DE TOUT LAISSER TRAÎNER.
ET PLUS TU LAISSES TOUT TRAÎNER, PLUS ÇA M'ANGOISSE.
C'EST POURTANT MON CÔTÉ UN PEU BOHÊME QUE TU AS AIMÉ QUAND ON S'EST RENCONTRÉS!
C'EST VRAI. ÇA ME CHANGEAIT DE MA FAMILLE PSYCHORIGIDE!
ET MOI AU CONTRAIRE, J'AVAIS BESOIN DE REPÈRES. ON S'ÉQUILIBRAIT.
EXACTEMENT, ET MAINTENANT ON EST TOTALEMENT DÉSTABILISÉS
COMMENT IMAGINEZ-VOUS POUVOIR RETROUVER CET ÉQUILIBRE?
JE NE SAIS PAS.
IL FAUDRAIT QU'UNE SEMAINE SUR DEUX, PAR EXEMPLE, TU ME LAISSES LA CHARGE DE LA MAISON.
QU'EN PENSEZ-VOUS, NADINE?
ET S'IL N'Y ARRIVAIT PAS?
ET SI TU ME LAISSAIS ESSAYER?

MA FEMME A UN PROBLÈME AVEC L'ALCOOL

ÇA FAIT QUINZE ANS QU'ON EST MARIÉS, QUINZE ANS QUE JE TE SUPPLIE D'ARRÊTER.
JE L'AI DÉJÀ FAIT.
ET PENDANT TOUT LE TEMPS OÙ TU ÉTAIS EN CURE, C'EST MOI QUI ME SUIS OCCUPÉ DE TOUT, DE LA MAISON, DES GOSSES, DES IMPÔTS, DES CRÉDITS, DU LOYER.
ET JE T'EN AI REMERCIÉ.
MAIS TU AS RECOMMENCÉ.
OUI, PARCE QUE JE N'AVAIS PLUS DE PLACE, PLUS DE LÉGITIMITÉ, PARCE QUE JE N'ÉTAIS PLUS TA FEMME, JUSTE UNE ESPÈCE D'HANDICAPÉE SOUS SURVEILLANCE.
JE DONNAIS, DONNAIS, DONNAIS, ET TOI TU PRENAIS TOUT.
SAUF LE POUVOIR. ÇA JE TE L'AI DONNÉ, PATRICK, ET TU NE L'AS PLUS LÂCHÉ.
AU FOND, CHACUN DE VOUS A FINI PAR DÉPENDRE DU BESOIN QUE L'AUTRE AVAIT DE LUI.
LE RECONNAÎTRE C'EST DÉJÀ COMMENCER À S'EN SEVRER.

J'EN AI ASSEZ DE TOUT PRENDRE EN CHARGE

JE ME SENS RESPONSABLE DE LUI.
C'EST ÇA, TU VOIS, QUI NOUS REND LA VIE IMPOSSIBLE.
ET POURTANT, RECONNAIS-LE. JE T'AI SOUTENU, J'AI FAIT TOUT CE QUE J'AI PU POUR QUE ÇA MARCHE.
PEUT-ÊTRE TROP.
MAIS C'EST INJUSTE, CE QUE TU DIS, TU ME LAISSES TOUT GÉRER ET APRÈS TU ME LE REPROCHES.
CROIS-TU QUE JE NE ME LE REPROCHE PAS?
JE N'AI PAS EU UNE ENFANCE FACILE. ÇA M'A FAIT DU BIEN DE T'AIDER.
MOI AUSSI, ÇA M'A FAIT DU BIEN. J'AI GRANDI, GRÂCE À TOI ET JE VOUDRAIS QUE TU LE VOIES.
ON PEUT AIDER L'AUTRE COMME ON AURAIT AIMÉ ÊTRE AIDÉ SOI-MÊME QUAND ON ÉTAIT ENFANT
MAIS C'EST L'AIDER AUSSI QU'ACCEPTER DE L'AIDER MOINS.

MA FEMME ME REPROCHE D'ÊTRE TROP GENTIL

UNE GRANDE MAISON, DEUX VOITURES ET MÊME UN APPARTEMENT À LA MONTAGNE, CE N'EST PAS SUFFISANT?
MAIS SI!
J'AI TOUJOURS TOUT FAIT POUR ELLE, TOUT.
JE SAIS...
ELLE N'AVAIT MÊME PAS BESOIN DE DEMANDER.
NON... JE LE RECONNAIS.
AVANT MÊME QU'ELLE VEUILLE QUELQUE CHOSE, ELLE L'AVAIT.
JUSTEMENT.
PEUT-ON DIRE ALORS QUE POUR LA PREMIÈRE FOIS SARA VEUT QUELQUE CHOSE
QUE VOUS, BRICE, VOUS NE VOULEZ PAS LUI DONNER?

ON NE SAIT PLUS COMMENT S'Y PRENDRE AVEC NOTRE FILS
ON VIENT VOUS VOIR PARCE QU'ON A UN PEU DE MAL AVEC NOTRE PETIT GARÇON.
ON L'ADORE MAIS À VRAI DIRE, IL NOUS FAIT LA VIE DURE.
QUAND ON REGARDE LA TÉLÉ, IL SE MET ENTRE NOUS SUR LE CANAPÉ.
ET C'EST LUI QUI TIENT LA TÉLÉCOMMANDE.
IL REFUSE DE DORMIR DANS SA CHAMBRE.
TOUTES LES NUITS ON LE RETROUVE DANS NOTRE LIT.
IL NE VEUT MANGER QUE CE QU'IL AIME.
C'EST-À-DIRE PAS GRAND-CHOSE.

ON A EU TELLEMENT DE DIFFICULTÉS POUR L'AVOIR.
QU'ON N'OSE RIEN LUI REFUSER.
ET COMME ON NE VEUT PAS LE CONTRARIER...
ON FINIT, NOUS, PAR SE DISPUTER.
EST-CE QU'IL FAUT LE PUNIR ?
EST-CE QU'IL FAUT LUI DONNER DES CALMANTS ?
JE VOUS PROPOSE DE VOIR LES CHOSES AUTREMENT.
ET D'ESSAYER DE COMPRENDRE POURQUOI VOTRE ENFANT
SE SENT OBLIGÉ DE SE COMPORTER EN TYRAN.

POUR ALLER PLUS LOIN

➡ On ne se voit plus jamais

L'évitement forme un cercle vicieux dans lequel un couple peut se retrouver prisonnier : plus l'atmosphère à la maison devient pesante, plus on est tenté de la fuir. Mais plus on la fuit, plus on l'alourdit. Un des moyens de stopper cet engrenage est de se donner rendez-vous, de manière ludique, dans un lieu extérieur, un peu privilégié, pour en parler. D'où vient cette tension ? Comment faire pour se retrouver ?

➡ Mon compagnon ne fait rien comme il faut

À travers les conflits du quotidien, c'est toute la dynamique du couple qui se manifeste. Dans ce domaine, l'apparente prise de pouvoir de l'un s'enracine souvent dans le sentiment qu'a l'autre d'être perpétuellement en tort. Pour modifier ce schéma, il faut d'abord en accepter la coresponsabilité et valider les efforts de chacun pour s'en dégager.

➡ J'étouffe dans mon couple

Tout le monde n'évolue pas au même rythme. Accepter que son partenaire change, s'autonomise, c'est lui montrer le respect qu'on lui doit et la confiance qu'il mérite. C'est aussi saisir la chance d'évoluer soi-même.

➡ Je me demande si je suis encore amoureux

Passés les premiers moments de fusion, d'illusion amoureuse, le retour à la réalité avec ses menus soucis et ses premières divergences peut faire douter de la solidité du sentiment qu'on éprouve. Mais c'est en traversant ensemble le quotidien qu'on cesse d'être seulement amoureux, et que l'on commence à aimer vraiment.

➡ Ma femme est déprimée

L'autre n'est pas responsable de tout ce qui ne va pas dans un couple. Solliciter l'aide d'un tiers, ce n'est pas lui demander de changer son partenaire. C'est saisir cette chance de pouvoir avec son aide, mieux le comprendre, et d'être soi-même mieux compris.

➡ Mon mari ne supporte pas le chômage

Souvent vécu comme une blessure narcissique par celui qui le subit, le chômage affecte aussi l'autre partenaire. Comment aider sans humilier ? Comment exprimer son inquiétude sans culpabiliser ? Une des pistes, c'est la solidarité. Chacun soutenant l'autre sur les points de fragilité que cette situation vient réactiver.

➡ Mon mari me trouve trop dépensière

À la fois tabou et omniprésente, la question de l'argent, notamment de celui qu'on consacre aux enfants, est au centre de nombreux conflits de couple. Rivalités et frustrations s'originent souvent dans des vécus d'enfance différents qu'il est essentiel d'évoquer pour ne pas tout mélanger.

➡ Mon mari traverse une crise

Ne pas vouloir voir les difficultés, les minimiser ou ne pas en tenir compte, peut leur donner une importance qu'elles n'avaient pas au départ. D'où l'intérêt, pour l'un, d'être attentif aux signaux d'alarme de son partenaire et, pour l'autre, de ne pas trop attendre pour les lancer.

➡ On a du mal avec l'arrivée du bébé

Étape majeure dans la vie d'un couple, la naissance d'un enfant, si désirée soit-elle, est un chamboule-tout. Avec son lot alterné de bonheurs inouïs et de soucis exagérés. Mieux vaut s'y attendre et ne pas s'en inquiéter. Un enfant n'a pas besoin de parents parfaits !

➡ On n'a plus de relations sexuelles

Pour toutes sortes de raisons, d'évènements heureux ou malheureux, un couple peut voir sa sexualité perturbée. Il convient donc de dédramatiser ces aléas du désir, mais il faut aussi veiller à ne pas laisser s'installer un blocage qui finit par s'autoalimenter. Et imaginer ensemble des ruses amoureuses pour le contourner.

➡ Mon ami se laisse aller

Le laisser-aller peut signifier qu'on aime moins… ou qu'on se sent moins aimé. En faire la remarque à son partenaire peut être constructif, si on ne la formule pas comme un reproche. Ce dont ce dernier a besoin, c'est d'être rassuré et qu'on lui redonne aussi l'envie de séduire.

➡ Ma femme a la manie du rangement

Le besoin excessif d'ordre est souvent l'expression d'une angoisse qu'on ne parvient pas à contrôler autrement. D'où la difficulté pour le partenaire qui se sent à la fois contraint, négligé et inutile. Se mettre d'accord pour déléguer certaines tâches peut permettre de desserrer l'étau.

➡ Ma femme a un problème avec l'alcool

Outre les problèmes personnels qui poussent un partenaire à boire, l'alcool crée dans le couple une codépendance. Le malade alcoolique dépend et de l'alcool et de la personne qui vit avec lui. Le partenaire, sur qui tout finit par reposer, ne parvient pas à se dégager d'une responsabilité devenue trop lourde. Briser le cercle nécessite de se faire aider à plusieurs niveaux. En couple et, sans doute pour chaque partenaire, individuellement.

➡ J'en ai assez de tout prendre en charge

Si elle a convenu à chacun des deux pendant un certain temps, une relation inégalitaire finit par montrer ses limites. On ne peut pas reprocher à celui qu'on a aidé d'en avoir bénéficié pour grandir, ni à celui qui a aidé de l'avoir fait. Mais on peut s'appuyer sur les autres aspects de la relation, pour la reconfigurer différemment.

➡ Ma femme me reproche d'être trop gentil

Attention à ne pas confondre en faire beaucoup pour l'autre et en faire trop. Ne pas renoncer à faire plaisir, mais ne pas non plus devancer sans cesse les attentes de son partenaire, ses moindres souhaits. Ce dernier se sentant moins sollicité, moins coupable aussi de repousser un conjoint si gentil, aura ainsi un peu plus d'espace et de liberté pour aller vers lui, en manifestant son propre désir.

➡ On ne sait plus comment s'y prendre avec notre fils

De l'enfant roi à l'enfant tyran, la pente est dangereuse. Ne pas mettre de limites, tout accepter, met l'enfant à une place qui n'est pas la sienne, mais le rend surtout très vulnérable lorsque, sorti du cocon familial, il se heurtera à la réalité et aux contraintes. Faire preuve d'autorité, avec bienveillance mais quand il le faut, c'est donner à son enfant les codes pour s'inscrire dans le monde.

CRÉATIVITÉ

Les origines

Créativité vient du latin *creare* qui signifier « faire croître », « faire advenir ». Il y a donc dans créativité l'idée d'une naissance, mais dont on serait soi-même l'auteur. Dans un couple, la créativité insuffle à la relation un élan vital et joyeux.

UN VILLAGE ENDORMI

Durant de nombreuses années, Créativité vécut dans une étrange léthargie. Ses habitants fonctionnaient au ralenti, répétant les mêmes gestes, racontant les mêmes histoires, ressassant le même ennui. La rivière qui traversait le village, la Routine, accumulait, sur ses berges une boue gluante qui s'infiltrait dans les rues, collait aux semelles et s'incrustait dans les maisons. Les habitants s'en étaient tant bien que mal accommodés et ceux qui s'en plaignaient le faisaient de manière également répétitive, comme si la glu de la routine avait empoissé aussi leurs révoltes.

« *Ça ne changera jamais* », disaient-ils, ou plutôt « *tu ne changeras jamais* », car l'ennui du quotidien affectant particulièrement les couples, c'était chez eux qu'il provoquait le plus de dommages. Chaque partenaire reprochait en effet à l'autre d'avoir introduit la routine dans leur foyer.

Le soir, une fois les enfants couchés, Monsieur s'installait dans son fauteuil pour, suivant les époques, feuilleter son journal, regarder la télévision ou jouer sur son ordinateur, tandis que Madame lisait un roman, faisait des mots fléchés ou actualisait sa page Facebook. Leurs activités communes étaient peu variées : les courses du dimanche, les repas chez les beaux-parents… Quant à l'amour, ils le faisaient rarement et toujours de la même manière.

UNE SECONDE NAISSANCE

Les choses continuèrent ainsi jusqu'à ce qu'un couple, installé depuis peu au village, commence à faire parler de lui. Au début les locaux les regardaient de travers. Ils n'étaient plus tout jeunes, vivaient ensemble depuis longtemps et pourtant la boue de la routine semblait n'avoir eu aucune prise sur eux. On les voyait traverser le village en se tenant la main, devisant joyeusement, curieux de tout, ouverts à tous, et toujours à l'affût d'idées nouvelles. C'est ainsi qu'un jour apparut sur les trottoirs un mystérieux parcours fléché conduisant à la maison du couple et proposant des *Stages de créativité conjugale*.

La Maison des Artistes : entièrement décorée de motifs en relief réalisés à partir de boue séchée puis colorée avec des pigments végétaux, la Maison des Artistes accueille en résidence tous les couples désireux de développer leur inventivité.

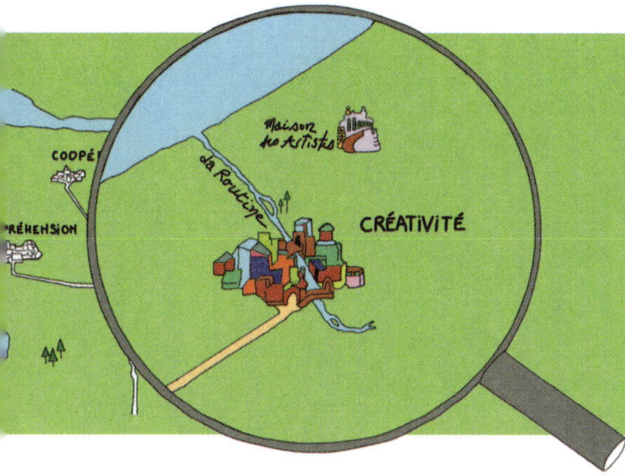

OÙ DORMIR **Hôtel des Métamorphoses**
Chaque chambre propose un décor différent, inspiré des *Contes des Mille et une nuits* et une malle remplie de costumes de théâtre dans laquelle les clients peuvent puiser. Sur le livre d'or de l'hôtel, plus d'un couple atteste s'en être trouvé à la fois semblable et subtilement changé.

SOUVENIRS À RAPPORTER
Colliers multicolores en *perles de routine*. Façonnées dans l'argile de la rivière, puis vernissées, elles prennent avec le temps des reflets changeants.

Le programme distribué à l'entrée comportait deux rubriques principales :

1. Cultiver la bonne routine

Tout n'est pas mauvais dans la routine. Ainsi le quotidien et ses rituels protègent le couple, lui donnent sa figure particulière. Cultiver la bonne routine, c'est ne pas considérer cette sécurité comme un acquis. C'est l'apprécier, montrer à l'autre qu'on l'apprécie et savoir y introduire du jeu. Faire le marché ensemble le dimanche, mais en profiter pour aller boire un apéro, déjeuner sur le pouce ou, parfois, zapper le rituel et rester au lit tous les deux.

2. Bousculer la mauvaise routine

La mauvaise routine c'est celle qui nous rend l'un à l'autre transparent, sans relief, sans couleur. Pour recréer la relation, la rendre de nouveau vivante, il faut accueillir les surprises, s'ouvrir à l'imprévu, s'inventer des plaisirs à deux. Aller passer une nuit à l'hôtel dans la ville où on habite peut s'avérer aussi rafraîchissant qu'un week-end éclair à Venise.

Il fallut peu de temps pour que l'atmosphère change au village. En observant mieux la boue de la rivière, on découvrit qu'il s'agissait en fait d'une argile très spéciale, particulièrement malléable, dont les habitants se servirent bientôt pour enjoliver leurs façades. Les alentours de la Routine devinrent un lieu de flânerie amoureuse et l'Hôtel des Métamorphoses, jadis fréquenté uniquement par les touristes, trouva une clientèle nouvelle parmi les couples de Créativité.

Les Berges de la Routine : lieu jadis obligé des promenades dominicales, les berges de la rivière ont été aménagées pour qu'on puisse désormais y flâner sans bottes et en empruntant toutes sortes de petits chemins détournés.

ON N'EST PLUS SÛRS DE VOULOIR SE MARIER
ON VIENT VOUS VOIR PARCE QU'ON DOIT SE MARIER CET ÉTÉ.
MAIS ON N'EST PLUS TRÈS SÛRS QUE CE SOIT UNE BONNE IDÉE.
IL Y A ENCORE TROIS MOIS, ON NAGEAIT DANS LE BONHEUR.
ET LÀ, ON S'ENFONCERAIT PLUTÔT DANS LE MALHEUR.
TOUT EST DEVENU SI COMPLIQUÉ, HIER, IL M'A MÊME DIT QU'IL VAUDRAIT PEUT-ÊTRE MIEUX SE SÉPARER.
C'EST QUE JE NE SAIS PLUS OÙ J'EN SUIS.
J'EN AI PLEURÉ TOUTE LA NUIT.
MOI AUSSI.

LE PROBLÈME, C'EST QUE NOS FAMILLES NOUS HARCÈLENT.
ON N'A PLUS NOTRE MOT À DIRE, C'EST COMME SI ON SE MARIAIT JUSTE POUR LEUR FAIRE PLAISIR.
ON VOULAIT UNE FÊTE SIMPLE AVEC DES AMIS.
ET LÀ, ON SE RETROUVE AVEC UNE CENTAINE D'INVITÉS.
EN PLUS, ILS NE SONT PAS D'ACCORD ENTRE EUX : "VOTRE TRAITEUR?" "AH NON, LE NÔTRE!"
ON SE CROIRAIT DANS "LA VÉRITÉ SI JE MENS."
TU TE RAPPELLES COMMENT ÇA SE TERMINE, TOI, CETTE HISTOIRE ?
NON, PAS TROP.
LA DIFFÉRENCE, C'EST QU'ICI IL S'AGIT DE VOTRE HISTOIRE,
ET QUE C'EST À VOUS DEUX ET À PERSONNE D'AUTRE D'EN INVENTER LA SUITE.

JE NE SAIS PAS LEQUEL CHOISIR

LE PREMIER M'AIME. IL FERAIT TOUT POUR MOI. L'AUTRE, FRANCHEMENT, JE NE CROIS PAS.
C'EST TOUJOURS MOI QUI LE RELANCE. IL N'EST MÊME PAS TRÈS GENTIL.
ÇA ME RAPPELLE MES PARENTS : MA MÈRE QUI M'AIMAIT TROP ET MON PÈRE PAS ASSEZ.
J'AI PEUR DE PERDRE LE PREMIER, MAIS JE N'ARRIVE PAS À RENONCER AU SECOND.
AU FOND, C'EST COMME SI VOUS NE VOUS DONNIEZ PAS LE DROIT DE DÉSIRER QUELQU'UN QUI VOUS AIME...
OU D'ÊTRE AIMÉE PAR QUELQU'UN POUR QUI VOUS AVEZ DU DÉSIR.

ON N'A PAS DE PROJETS

C'EST VRAI, C'EST MÊME POUR ÇA QUE JE T'AI AIMÉ, SAUF QUE C'ÉTAIT IL Y A LONGTEMPS.
PEUT-ÊTRE, MAIS MAINTENANT TU RENTRES FATIGUÉE, ÉNERVÉE, ON NE SE PARLE PLUS, J'AI L'IMPRESSION DE NE PLUS EXISTER.
ET LE PAVILLON, DAVID ? ON LE PAIERA COMMENT ?
MAIS C'EST TON IDÉE, CE PAVILLON ! MOI, UN PETIT STUDIO AVEC TOI DEDANS, ÇA ME SUFFIT PARFAITEMENT.
TU SAIS BIEN QUE C'EST POUR NOUS QUE JE VEUX L'ACHETER, PAS POUR MOI !
SAUF QUE, SI ÇA CONTINUE, CE SERA POUR NOUS... MAIS SANS MOI...
ALORS PEUT-ÊTRE QU'AVANT DE CHOISIR L'ENDROIT OÙ VOUS VOUDRIEZ VIVRE,
VOUS POURRIEZ PARLER DE CE QUE VOUS VOULEZ Y VIVRE.

MON MARI EST TROP CASANIER

JE TROUVE ÇA BIZARRE. SURTOUT AU BOUT DE CINQ ANS DE THÉRAPIE.
JE TE RAPPELLE QUE TOI, ÇA FAIT PLUS DE DIX ANS !
JUSTEMENT... EN TE REPLIANT COMME ÇA TU RESSEMBLES DE PLUS EN PLUS À MON PÈRE.
ET TOI À MA MÈRE ! TOUJOURS À SE FAIRE DU SOUCI POUR N'IMPORTE QUOI.
L'AGORAPHOBIE, C'EST PAS N'IMPORTE QUOI !
TOUT DE SUITE LES GRANDS MOTS ! ARRÊTE !
MÊME MA PSY EST D'ACCORD AVEC MOI.
PARLE-LUI DE TES ANGOISSES AU LIEU DE T'OCCUPER DES MIENNES.
ET SI C'ÉTAIT EXACTEMENT LES MÊMES ?
MIEUX VAUDRAIT EN PARLER ICI ENSEMBLE PLUTÔT QUE DE VOUS LES REPROCHER MUTUELLEMENT.

MON AMIE ME TROUVE INCONSTANT
ON VIENT VOUS VOIR PARCE QU'ON VA PEUT-ÊTRE SE SÉPARER.
PAS "PEUT-ÊTRE", ADRIEN. SÛREMENT.
D'ACCORD, ON VA LE FAIRE, PUISQUE TU LE VEUX.
C'EST TOI QUI M'Y OBLIGES. TES HISTOIRES DE CŒUR, JE LES AI TROP SUPPORTÉES, MAIS C'EST FINI, JE N'EN PEUX PLUS.
JE TE COMPRENDS, FANNY. IL N'Y A AUCUNE RAISON QUE TU SOUFFRES.
TU AURAIS PU Y PENSER AVANT !

C'EST DRÔLE, TU SAIS, JAMAIS JE NE ME SUIS SENTI AUSSI BIEN AVEC TOI QUE DEPUIS QUE TU VEUX QU'ON SE QUITTE.
ARRÊTE ! C'EST TROP TARD.
JE TE TROUVE FORTE, MERVEILLEUSE, JE T'ADMIRE.
NE ME PARLE PAS COMME ÇA TU ME DÉSTABILISES COMPLÈTEMENT.
EXCUSE-MOI, JE TE DIS JUSTE CE QUE JE RESSENS, JE T'AIME.
PARFOIS, JE PRÉFÉRERAIS QUE TU ME DÉTESTES.
ON PEUT SE DEMANDER ALORS SI VOUS SOUHAITEZ VOUS RAPPROCHER POUR MIEUX VOUS SÉPARER...
OU VOUS SÉPARER POUR MIEUX VOUS RETROUVER...

COMMENT PARLER DU DIVORCE À NOTRE ENFANT
ON VIENT VOUS VOIR PARCE QU'ON ENVISAGE DE DIVORCER.
ET QUE MON MARI VEUT DÉJÀ EN PARLER À NOTRE FILLE.
IL FAUT BIEN QU'ELLE SOIT AU COURANT.
ÇA VA LUI FAIRE UNE PEINE ÉPOUVANTABLE.
ELLE SERA TRISTE, JE NE DIS PAS LE CONTRAIRE.
ET MOI JE PENSE QUE CE N'EST PAS LE BON MOMENT.

TU SAIS QUE PLUS ON ATTEND PLUS LA SITUATION RISQUE DE SE DÉGRADER ET PLUS ELLE VA EN SOUFFRIR.
MAIS ES-TU CERTAIN DE NE PAS CHANGER D'AVIS ?
ON N'EST JAMAIS CERTAIN DE RIEN, ÉVIDEMMENT.
TU VOIS ! LAISSE-NOUS UNE CHANCE !
AU FOND, IL Y A DEUX QUESTIONS : VOTRE FILLE ET LA PERSPECTIVE DE LA SÉPARATION.
POUR L'INSTANT, HEUREUSEMENT, ELLE NE SE DOUTE DE RIEN.
JE N'EN SUIS PAS SI SÛR.
ELLE SAIT SANS DOUTE, SANS VRAIMENT SAVOIR, ET C'EST LE PLUS DÉSTABILISANT.
QUE FAIRE ALORS ?
LUI DIRE QUE VOUS FAITES UNE DÉMARCHE POUR ESSAYER DE COMPRENDRE CE QUI NE VA PLUS ENTRE VOUS.
ET SI VOUS DÉCIDIEZ DE VOUS SÉPARER, LA RASSURER EN LUI DISANT QU'ON NE DIVORCE JAMAIS DE SES ENFANTS.

JE NE SUPPORTE PLUS D'ÊTRE SEUL

LES FEMMES N'AIMENT PAS TROP LES HOMMES COMME MOI.
LES HOMMES COMMENT ?
CEUX QUI ONT PEUR, PEUR DES FEMMES, PEUR D'EUX-MÊMES, PEUR DE TOUT.
ET QUE SE PASSE-T-IL QUAND VOUS EN RENCONTREZ UNE ?
RIEN.
RIEN...
SOIT C'EST ELLE QUI PART EN COURANT, SOIT C'EST MOI.
ET PLUS ELLE ME PLAÎT, PLUS ÇA RATE.
PEUT-ÊTRE FAITES-VOUS TOUT POUR QUE CE SOIT CELA JUSTEMENT QUI ARRIVE.
QUE ÇA RATE ?
OUI. ESSAYONS ALORS DE COMPRENDRE POURQUOI.

JE NE VEUX PAS D'ENFANT
JE VIENS VOUS VOIR PARCE QUE JE N'AI PAS L'INSTINCT MATERNEL.
LES ENFANTS, ÇA NE M'A JAMAIS INTERESSÉE. JE NE VOIS PAS CE QUE J'EN FERAIS.
JE SUIS EN COUPLE DEPUIS QUINZE ANS ET MON AMI EST PARFAITEMENT D'ACCORD AVEC MOI. LUI NON PLUS N'EN VEUT PAS.
MAIS?
MAIS J'AI BIENTÔT QUARANTE ANS ET MA FAMILLE ME MET UNE PRESSION INFERNALE.

TOUT Y PASSE : LE CHANTAGE, LA CULPABILISATION. LES MENACES. JE SUIS UNE ANORMALE, UNE ÉGOÏSTE, UNE NÉVROSÉE, JE VAIS LE REGRETTER.
ET C'EST POURQUOI VOUS ÊTES ICI...
PLUS OU MOINS. JE VOUDRAIS SAVOIR CE QUE VOUS EN PENSEZ.
L'IMPORTANT. C'EST CE QUE VOUS, VOUS EN PENSEZ.
J'AI UN PEU RÉFLÉCHI. DISONS QUE J'AI VÉCU DANS MA JEUNESSE DES CHOSES QUE JE NE VEUX PAS REPRODUIRE.
AVEC CET HOMME, J'AI ENFIN TROUVÉ UN ÉQUILIBRE. MON MÉTIER ME PLAÎT. JE SUIS HEUREUSE COMME ÇA.
EST-CE QUE JE DEVRAIS BOULEVERSER TOUTE MA VIE POUR UN DÉSIR D'ENFANT QUE JE N'AI PAS ?
À VOTRE AVIS ?
NON.
ALORS, LA RÉPONSE, C'EST VOUS QUI L'AVEZ.

MON AMI VEUT FAIRE UN BREAK

C'EST QUAND MÊME PLUS COMMODE POUR CELUI QUI VEUT S'EN ALLER !
NE CROIS PAS ÇA, SIMON.
QUAND JE PENSE À TOUS LES OBSTACLES QU'ON A FRANCHIS POUR ÊTRE ENSEMBLE. ET MAINTENANT QU'ON NOUS FICHE LA PAIX, TU ME LÂCHES.
JE NE TE LÂCHE PAS. J'ESSAIE DE COMPRENDRE CE QUI NE VA PLUS.
EST-CE QUE C'EST DEVENU TROP CALME, TROP TRANQUILLE ENTRE NOUS?
JE NE SAIS PAS. IL FAUT QU'ON SE RETROUVE.
MAIS OÙ VEUX-TU QU'ON SE RETROUVE SI ON NE VIT PLUS ENSEMBLE ?
ICI, PAR EXEMPLE
PEUT-ÊTRE QUE DANS CES COMBATS QUI VOUS ONT TANT MOBILISÉS
VOUS VOUS ÊTES VOUS-MÊMES UN PEU OUBLIÉS.

JE FAIS PEUR AUX HOMMES

JE FAIS PEUR AUX HOMMES.
PEUR...
ENFIN, ILS DISENT QU'ILS NE SE SENTENT PAS À LA HAUTEUR, QUE JE LES ÉCRASE. QUE JE LEUR EN DEMANDE TROP.
ET ILS N'ONT PEUT-ÊTRE PAS TORT.
EN DEMANDER TROP, C'EST SOUVENT UN BON MOYEN POUR NE RIEN OBTENIR.
JE SAIS. MAIS J'AI DÛ TELLEMENT BATAILLER POUR M'IMPOSER.
ET SI JE PERDAIS TOUT EN TOMBANT AMOUREUSE ?
ET SI C'ÉTAIT VOTRE PEUR DE PERDRE...
QUI VOUS EMPÊCHAIT DE GAGNER ?

ON N'A PAS LA MÊME CULTURE
ON VIENT VOUS VOIR PARCE QU'ON EST DE CULTURE DIFFÉRENTE.
ON VOUDRAIT SE MARIER MAIS ON CRAINT QUE ÇA NE POSE DES PROBLÈMES DANS LES FAMILLES.
ELLES SONT AU COURANT ?
SA FAMILLE À ELLE, PLUS OU MOINS.
LA SIENNE, PAS DU TOUT. JE SUIS FRANÇAISE, IL EST ALGÉRIEN, DONC...
DONC...
DONC, MÊME SI LES PARENTS SONT TOLÉRANTS, VOIR LEUR ENFANT SE MARIER AVEC QUELQU'UN D'UNE AUTRE RELIGION...
ET VOUS DEUX, VOUS ÊTES CROYANTS?

PAS VRAIMENT. MAIS ON VEUT QUAND MÊME RESPECTER LEURS SENTIMENTS.
TU SAIS, ÇA FAIT TROIS ANS QU'ON EST ENSEMBLE. CE SERAIT AUSSI LES RESPECTER QUE DE NE PLUS LEUR MENTIR.
C'EST VRAI, JE ME SENS UN PEU MAL QUAND JE DIS À MA MÈRE QU'À 33 ANS, JE SUIS ENCORE CÉLIBATAIRE.
ET MOI QUAND LA MIENNE ME DEMANDE SI C'EST DANS VOTRE TRADITION D'ATTENDRE SI LONGTEMPS.
MAIS TOI, TU ES BIEN SÛRE DE VOULOIR TE MARIER AVEC UN MUSULMAN ?
ET TOI AVEC UNE CATHOLIQUE ?
ON POURRAIT RÉFLÉCHIR ICI AU FAIT QU'ON ÉPOUSE UNE PERSONNE ET NON UNE RELIGION.
CE SERAIT PEUT-ÊTRE PLUS FACILE ENSUITE D'EN PARLER AUX PARENTS.

MA MÈRE ME CRITIQUE TOUT LE TEMPS

PAR EXEMPLE, QUAND J'AI VOULU FAIRE DU DROIT, ELLE M'A INSCRITE DANS UNE ÉCOLE DE SECRÉTARIAT.
ET LE JOUR OÙ JE LUI AI PRÉSENTÉ MON AMI, ELLE M'A DIT : IL VA TE QUITTER, IL EST TROP BIEN POUR TOI.
POURTANT JE FAIS TOUT CE QUE JE PEUX : VINGT ANS QUE JE L'APPELLE TOUS LES JOURS, VINGT ANS ! ELLE, JAMAIS.
ELLE PASSE SON TEMPS À ME CRITIQUER ET MOI À ME JUSTIFIER D'EXISTER.
ON NE PEUT PAS SE FAIRE AIMER DE QUELQU'UN QUI N'EN A PAS LA CAPACITÉ.
Y RENONCER, C'EST PARFOIS COMMENCER JUSTEMENT À EXISTER.

NOTRE FILLE A QUITTÉ LA MAISON
ON VIENT VOUS VOIR PARCE QUE NOTRE FILLE VIENT DE PARTIR.
ET PARCE QUE MA FEMME N'ARRIVE PAS À S'EN REMETTRE.
ÇA FAIT À PEINE SIX MOIS. GABRIEL NE COMPREND PAS QUE JE SOIS TRISTE.
BIEN SÛR QUE JE LE COMPRENDS. ELLE ME MANQUE AUSSI! MAIS C'EST LA VIE. C'EST SA VIE.
LA VIE, C'EST MOI QUI LA LUI AI DONNÉE. ET MAINTENANT C'EST COMME SI ON ME LA REPRENAIT.
COMMENT PEUX-TU DIRE UNE CHOSE PAREILLE?
JE DIS CE QUE JE RESSENS. JE NE SUIS PAS LA SEULE: SUR INTERNET, J'AI LU QUE ÇA S'APPELLE LE SYNDROME DU NID VIDE.
IL ARRIVE UN MOMENT OÙ LES OISEAUX GRANDISSENT. ALORS LE NID DEVIENT TROP PETIT.

MAIS C'EST TROP TÔT. ELLE A BESOIN DE MOI. QUAND J'AVAIS SON ÂGE, MA MÈRE M'A CHASSÉE DE LA MAISON. J'AI L'IMPRESSION QUE ÇA RECOMMENCE.
TU N'ES PAS TA MÈRE ET TA FILLE REVIENT TOUS LES WEEK-ENDS. TU N'AS PAS CONFIANCE EN ELLE?
SI BIEN SÛR. EN FAIT, JE NE SAIS PLUS QUOI FAIRE DE MOI, JE ME SENS INUTILE.
MAIS J'AI BESOIN DE TOI, MOI AUSSI.
JE SAIS. IL FAUT PEUT-ÊTRE QUE TU ME LAISSES ENCORE UN PEU DE TEMPS.
AUTANT QUE TU VOUDRAS, FATOU, POURVU QUE TU N'OUBLIES PAS QUE JE SUIS LÀ.
C'EST SANS DOUTE CELA, LA CLEF: NE RIEN OUBLIER. NI LA VIE QUE VOUS AVEZ DONNÉE...
NI CELLE QUI VOUS RESTE À VIVRE ENSEMBLE.

LA RETRAITE A CHANGÉ MON MARI
ON VIENT VOUS VOIR PARCE QUE, DEPUIS QU'IL EST À LA RETRAITE, MON MARI S'ENNUIE.
JE NE SUIS PAS AUSSI OCCUPÉ QUE TOI, C'EST TOUT.
MAIS TU NE FAIS PLUS RIEN, TU PASSES TA JOURNÉE À CLASSER DE VIEUX PAPIERS.
IL FAUT BIEN QUE QUELQU'UN S'EN CHARGE.
JE T'AI PROPOSÉ MILLE FOIS DE T'AIDER !
TU NE VEUX TOUT DE MÊME PAS M'ENLEVER LE PEU D'ACTIVITÉ QUI ME RESTE !
C'EST BIEN CE QUE JE DIS : TON UNIVERS S'EST COMPLÈTEMENT RÉTRÉCI.
JE NE DEMANDE QU'À L'ÉLARGIR. SI SEULEMENT TU ÉTAIS UN PEU PLUS PATIENTE !

ÇA M'INQUIÈTE DE LE VOIR SE RATATINER DE CETTE MANIÈRE. QUAND JE PENSE À L'ÉNERGIE QU'IL AVAIT AVANT. JE NE LE RECONNAIS PLUS.
ARRÊTE DE PARLER DE MOI À LA TROISIÈME PERSONNE. JE NE SUIS PAS MORT !
JUSTEMENT, J'AI ENCORE ENVIE DE VIVRE, MOI, ET DE VIVRE AVEC TOI !
MOI AUSSI, MAIS CE N'EST PAS EN ME HOUSPILLANT QUE TU ARRANGERAS LES CHOSES.
C'EST TROP BÊTE, MAINTENANT QUE NOUS AVONS TOUT NOTRE TEMPS...
ON LE PASSE À SE PRENDRE LA TÊTE.
QUE DIRIEZ VOUS ALORS D'INVENTER ICI UNE AUTRE MANIÈRE DE LE PARTAGER ?

ON A DÉCIDÉ DE REVIVRE ENSEMBLE

ON VIENT VOUS VOIR PARCE QU'ON VOUDRAIT REPRENDRE LA VIE COMMUNE.
ET QUE CETTE FOIS ON AIMERAIT QUE ÇA SE PASSE VRAIMENT BIEN.
LA PLUPART DE NOS AMIS NOUS TRAITENT DE CINGLÉS.
MÊME NOS ENFANTS SONT MÉFIANTS. CONTENTS, MAIS MÉFIANTS.
IL FAUT DIRE QU'ON N'ÉTAIT PAS LE PLUS PARFAIT DES COUPLES.
C'EST LE MOINS QU'ON PUISSE DIRE. ON S'EST CHAMAILLÉS, EMBROUILLÉS, INSULTÉS.
JUSQU'AU JOUR OÙ ON A FINI PAR SE SÉPARER.
AU DÉBUT, FRANCHEMENT, JE ME SUIS SENTI SOULAGÉ.

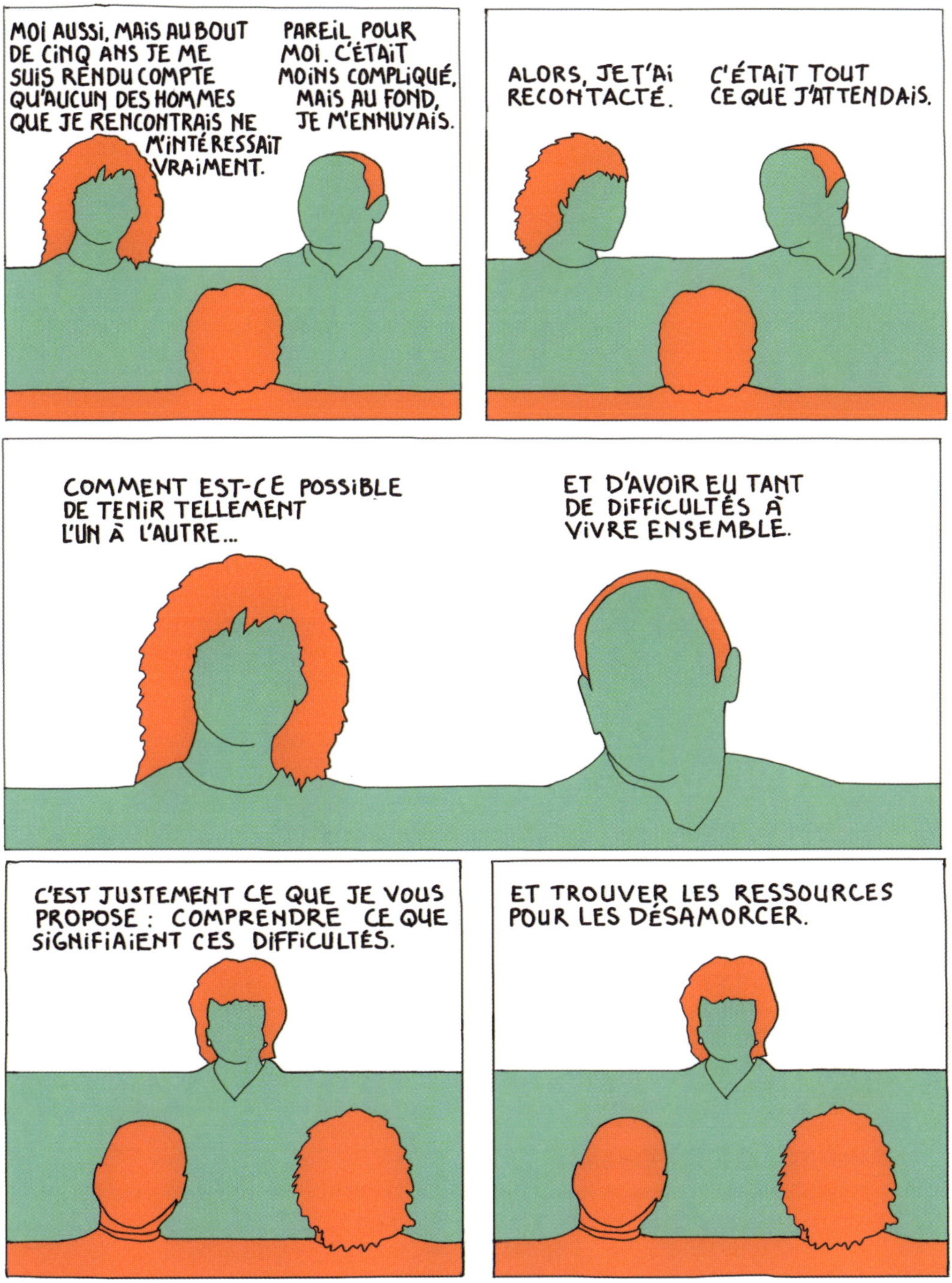
MOI AUSSI, MAIS AU BOUT DE CINQ ANS JE ME SUIS RENDU COMPTE QU'AUCUN DES HOMMES QUE JE RENCONTRAIS NE M'INTÉRESSAIT VRAIMENT.
PAREIL POUR MOI. C'ÉTAIT MOINS COMPLIQUÉ, MAIS AU FOND, JE M'ENNUYAIS.
ALORS, JE T'AI RECONTACTÉ.
C'ÉTAIT TOUT CE QUE J'ATTENDAIS.
COMMENT EST-CE POSSIBLE DE TENIR TELLEMENT L'UN À L'AUTRE...
ET D'AVOIR EU TANT DE DIFFICULTÉS À VIVRE ENSEMBLE.
C'EST JUSTEMENT CE QUE JE VOUS PROPOSE : COMPRENDRE CE QUE SIGNIFIAIENT CES DIFFICULTÉS.
ET TROUVER LES RESSOURCES POUR LES DÉSAMORCER.

POUR ALLER PLUS LOIN

➡ On n'est plus sûrs de vouloir se marier

L'approche du mariage peut s'avérer anxiogène. Comme s'il fallait ce jour-là tout concilier, tout réussir, et cela aux yeux de tous, notamment des parents qui s'en mêlent, quand ils ne se querellent pas. C'est peut-être la meilleure occasion de définir déjà les frontières, poreuses mais fermes, qu'il faudra tracer entre le couple et les familles de chacun.

➡ Je ne sais pas lequel choisir

Pour certaines personnes, tout miser sur un seul partenaire constitue un risque qu'elles ont peur de prendre. Alors elles divisent leurs investissements : l'aventure et le sexe d'un côté, la sécurité et le sentiment de l'autre. Ce qui les divise elles aussi en tant que sujets. D'où l'intérêt d'essayer de comprendre d'où vient cette angoisse de perte, d'abandon ou d'anéantissement.

➡ On n'a pas de projets

Il arrive un moment où vivre au jour le jour ne suffit plus et où, pour le couple, il est bon de se projeter dans un avenir à deux. Mais c'est ensemble qu'il faut imaginer cet avenir, le construire avec sa forme, son chemin et son contenu communs.

➡ Mon mari est trop casanier

Il n'est pas rare que, dans un couple, les angoisses de l'un soient le reflet, inversé ou non, de celles de l'autre. Et on finit par reprocher à l'autre ce qu'on n'ose pas s'énoncer à soi-même. En parler ensemble, ce n'est pas augmenter ces angoisses. Au contraire. C'est aider chacun et s'aider soi-même à les rendre moins toxiques que lorsqu'elles étaient cachées.

➡ Mon amie me trouve inconstant

Vivre avec un partenaire volage, qui ne souhaite pas vous quitter mais ne veut pas non plus renoncer à son besoin de séduire, nécessite un choix difficile. Soit on « ferme les yeux », parce qu'on tient à lui, au couple, à la famille qu'on a construite. Soit, même si c'est douloureux, on lui demande de choisir.

➡ Comment parler du divorce à notre enfant

Pour annoncer une séparation aux enfants, il faut d'abord en être sûrs. Et une fois qu'on l'a décidée, le leur dire clairement sans trop attendre. Rien ne les perturbe autant que l'incertitude, le brouillage des signes, les mensonges même pieux, et les faux-semblants.

➡ Je ne supporte plus d'être seul

Certains redoutent l'amour autant qu'ils le désirent. Ils fuient ceux qui les attirent, repoussent ceux qui les recherchent et mettent en place des conduites d'échec qui les épuisent. D'où la nécessité pour eux de comprendre d'où leur vient ce sentiment d'être incapables d'aimer, ou indignes de l'être.

Je ne veux pas d'enfant

Quelles qu'en soient les raisons, le non-désir d'enfant est encore aujourd'hui perçu comme un choix négatif, contraint, presque un tabou. Or s'il convient, pour celui ou celle qui ne veut pas d'enfant, de bien s'assurer de ce choix, il convient aussi pour les autres de l'accepter et de le respecter.

Mon ami veut faire un break

Lorsqu'un couple a connu de nombreuses épreuves, livré ensemble de durs combats, il peut arriver qu'au moment où tout va mieux, la tension qui se relâche se traduise par un mouvement dépressif et fasse douter de la relation. Il faut alors retrouver ce qui l'avait fondée, en amont des difficultés traversées.

Je fais peur aux hommes

Certaines personnes qui pensent s'être construites seules, sans l'aide d'autrui, n'osent pas prendre le risque d'être ébranlées par une rencontre. La menace d'une possible remise en cause leur fait attribuer aux autres la peur qu'elles ressentent. Ce sont les fondements de cette peur qu'il leur faudra comprendre.

On n'a pas la même culture

Les couples mixtes sont d'abord des couples comme les autres. Avec, cependant, une richesse particulière qui leur vient de leurs ancrages différents, mais aussi des obstacles, notamment familiaux, qu'ils auront su surmonter pour vivre ensemble. C'est cette richesse qu'ils devront faire fructifier et transmettre à leurs enfants.

Ma mère me critique tout le temps

Renoncer à l'amour d'un de ses parents est particulièrement douloureux mais nécessaire, quand ce parent, pour des raisons qui lui appartiennent, est incapable de vous aimer. Le problème est en lui pas en vous, et ses critiques ne sont que le reflet de celles qu'il refuse de s'adresser à lui-même.

Notre fille a quitté la maison

Chaque étape de la vie d'un couple constitue un tournant parfois difficile à négocier : le départ des enfants en est un. Mais l'énergie que l'on a mobilisée pour les élever, on peut la réinvestir dans le couple. En explorant ensemble tout que cette liberté nouvelle permet de réaliser. À chaque moment de son histoire, un couple est à réinventer.

La retraite a changé mon mari

Si elle libère du poids de la vie professionnelle, la retraite laisse parfois désemparé. Que va-t-on faire de tout ce temps qui reste ? En en faisant quelque chose justement. Parfois ensemble, parfois séparément, en sorte que la vie commune continue à s'enrichir, de ce qu'on partage, et de ce que l'extérieur offre à chacun comme possibilités de découvertes.

On a décidé de revivre ensemble

Revivre ensemble après une séparation constitue un pari. Pour qu'il soit réussi, il importe de comprendre ce qui a abouti à la rupture. Mais aussi de regarder son partenaire avec des yeux différents : une personne que l'on connaît, certes, mais qui a évolué, mûri, changé, et que, pour cette double raison, on se sent prêt cette fois à aimer vraiment.